A MÃO DE DEUS

BERNARD N. NATHANSON

A MÃO DE DEUS

Tradução
Mateus Leme

São Paulo
2020

Título original
The Hand of God

Copyright © 2020 Regnery Publishing

Capa
Bruno Ortega

Dados Internacionais de Catalogação na Publicação (CIP)
(Câmara Brasileira do Livro, SP, Brasil)

Nathanson, Bernard, 1926-2011
   A mão de Deus : o ex-rei do aborto fala da própria vida : (e da indústria do assassinato de bebês) / Bernard Nathanson; prefácio de Angela Vidal Gandra Martins; tradução de Matheus Leme – 1ª ed. – São Paulo : Quadrante Editora, 2020.

   Título original: *The hand of God: a journey from death to life by the abortion*
   ISBN: 978-85-54991-38-7

   1. Aborto - Aspectos morais e éticos 2. Aborto - Aspectos religiosos 3. Nathanson, Bernard, 1926-2011 I. Martins, Angela Vidal Gandra. II. Título.

20-43478   CDD-363.46

Índices para catálogo sistemático:
1. Aborto : Problemas sociais 363.46

Cibele Maria Dias - Bibliotecária - CRB-8/9427

Todos os direitos reservados a
QUADRANTE EDITORA
Rua Bernardo da Veiga, 47 - Tel.: 3873-2270
CEP 01252-020 - São Paulo - SP
www.quadrante.com.br / atendimento@quadrante.com.br

Sumário

Prefácio 7
O monstro 13
A casa de meu pai 27
O pilar de fogo 49
A história de Ruth 61
Um judeu negligente 77
Pobres e grávidas 93
O político 101
O procedimento 111
O aborteiro 121
O vetor da vida 145
O grito silencioso 161
Para os tanatórios 169
Nada perdido 181
Aborto e violência 195
A mão de Deus 211
Agradecimentos 223

Prefácio

Angela Vidal Gandra Martins

Defender o direito à vida, além de ser a base de uma verdadeira democracia, dado que indica e abre o caminho para que jamais se relativizem os demais, é também a primeira demonstração do «amar o próximo como a si mesmo». A regra de ouro pura e simples. Positiva. Não pela via do «não faça aos demais o que não desejas para ti», mas no sentido de dar a vida pelos outros ou aos outros de forma bastante concreta.

Tive contato com a obra do dr. Nathanson no início de minha vida acadêmica. O grito silencioso parecia-me um berro ecoando por toda terra: impossível de não ser ouvido, evidenciando o quanto só pode ser calado pela ignorância ou uma surdez autoimposta por razões que dificilmente não estão radicadas no utilitarismo.

Este livro transmite o grito em primeira voz, gravado pelo próprio protagonista e projetado muito além do testemunho vivo que deu mundo afora, afogando o mal em abundância de bem por meio das muitas edições que teve em sua língua original e de suas traduções para mais de oito idiomas.

Poderia destacar os atributos literários ou axiológicos da obra, mas gostaria de me concentrar especialmente em sua gênese a partir do autor, que mostra-se capaz de revirar a própria vida desde dentro, das profundezas anti-humanas do homicídio uterino à sonorização curadora da *voice of the voiceless*, a fim de fazer positivamente o mandato «o que fizerdes a um desses pequeninos, a mim o fizeste», tão preconizado por Jérôme Lejeune, outro imbatível baluarte na defesa da vida inocente.

Os dois enfrentaram não poucos obstáculos em sua tarefa apologética, encontrando uma relutância midiática a que somente aqueles que realmente lutam por convicção, e não por conveniência ou interesse próprio, podem resistir, desmascarando e apontando para o mundo o verdadeiro norte, oposto à insistente tentativa de globalizar uma mentira existencial.

Tive a oportunidade de conhecer pessoas próximas ao dr. Bernard Nathanson enquanto vivi nos Estados Unidos. Os relatos escutados muito me marcaram. Por meio deste prefácio, pensei em compartilhar alguns pontos que tanto se relacionam com a obra a fim de dar-lhe ainda mais vida, em tema que tanto a exalta.

Irei me ater a apenas três pontos que refletem sua retidão e humildade em de fato agarrar a «mão de Deus». Em primeiro lugar, o dr. Nathanson abriu-se plenamente à desconcertante verdade de que era um assassino. Os que se encontravam a seu lado acompanharam seus movimentos ao contemplar a vasta prática abortiva que tinha promovido e que o levava ao desejo de eliminar sua própria vida como reparação. Porém, dócil a uma moção interior, prostrou-se diante do Criador e Senhor da vida.

Abandonar-se à capacidade divina de perdoar o que lhe parecia uma atrocidade imperdoável foi o alicerce de sua *metanoia*. Fundamentado num heroico exercício de filiação divina, dr. Nathanson reconstruiu sua alma e vocação profissional sobre rocha firme, voltando-se inteiramente a salvar vidas, como jurara de início; buscando aliados; e unindo-se inclusive àqueles contra os quais lutara ferozmente, em atitude humilde de retificação, por uma causa que é simplesmente humana – ainda que a religião a sustente veementemente por meio do imperativo de cunho moral «não matarás» – e, portanto, de alta transcendência no que se refere àquelas consequências sociais e jurídicas, como a venda de órgãos, a seletividade, a manipulação genética, etc., que surgem a partir da caixa de Pandora aberta pela banalização intencional do primeiro direito humano.

O segundo destaque vai para seu desejo de purificar o erro em toda a sua extensão – não de forma estoica, mas contrita, a partir do avassalador rompante de esgotar a verdade. Dessa forma, busca o número de abortos realizados por ele mesmo ou promovido em suas clínicas: em torno de 75.000, incluindo o de seu próprio filho. Isso atesta sua honestidade (em primeiro lugar consigo mesmo), além de espelhar a têmpera de seu caráter.

O último se refere também ao alvorecer de sua vida. Ouvi que durante um retiro, após sua conversão ao catolicismo, encontraram-no na capela, noite adentro, com um Terço na mão. Perguntaram-lhe se não era melhor descansar um pouco. Ele comentou que tinha pouco tempo para o muito que desejava desagravar. De fato, ele redimiu o tempo por meio de uma eficaz contrição.

Veracidade, humildade e confiança em Deus permeiam as linhas e entrelinhas desta obra, cujos capítulos representam uma imersão no coração inquieto do autor e revelam – de forma magistral! – o quanto uma conversão definitiva traz consigo todos os bens: *omnia bona pariter cum illa!* Sim! De Saulo a Paulo foi um instante, mas é preciso perseverar no processo. Ao mesmo tempo, a obra reflete que uma mudança radical é possível para todos a qualquer momento, o que nos enche de esperança após adentrarmos seu *background* cruamente narrado. No fim de sua vida, o dr. Nathanson exalava paz graças a seu abandono nas mãos de Deus e à imensa gratidão que permeava sua relação filial com Ele a partir da confiança na infinita misericórdia divina.

Peço ao dr. Nathanson que acompanhe seus leitores neste emocionante relato, a fim de que não só desperte nossas consciências para o valor de cada vida e a necessidade de defendê-la, mas também possa cumprir efetivamente todo o seu papel em nossas mentes e em nossos corações. Que deixemos que grite silenciosamente neles, de modo que nos encha de coragem para também sermos coerentes o suficiente e, assim, lutarmos por ideais sem hesitações ou contemporizações, arrastando outros também pelo exemplo. Com certeza sua ajuda e intercessão não nos faltará. Basta que também agarremos a mão de Deus.

A todos os que rezaram por mim — sobretudo o Pe. Paul Marx (esse homem santo) e o Pe. Richard Neuhaus (cuja inteligência é um tesouro nacional)

Capítulo 1
O monstro

Realizei meu último aborto no final de 1978 ou início de 1979. Naqueles anos, fazia apenas uns poucos – e, mesmo esses, apenas quando julgava tratar-se de indicações clínicas importantes. Os anos que se haviam passado desde quando realizava abortos rotineiramente tinham sido para mim uma notável odisseia do ponto de vista médico, ético e, por fim, espiritual. Provavelmente me atrapalharei com as palavras quando chegarmos ao termo espiritual de minha jornada.

Este livro será semiautobiográfico, usando-me como paradigma para o estudo da fissão e do descarte sistemático de um sistema moral – por mais fragmentado, presunçoso e odioso que seja – e da dolorosa aquisição de outro mais coerente, mais confiável e menos pulverizado.

O pano de fundo será o tema do aborto. Conheço bem o Holocausto: estudei-o intensamente e perdi parentes nele. Possuo também um conhecimento comum do marxismo e de seu sangrento legado. O tema do aborto, porém, talvez eu conheça como ninguém mais.

De fato, eu conheço cada faceta do aborto. Fui um

de seus parteiros; ajudei a alimentar a criatura em sua infância, oferecendo-lhe grandes quantidades de sangue e dinheiro. Conduzi-a adolescência adentro, à medida que ficava insensivelmente fora de controle. Diz-se que, se crescêssemos durante toda a gestação no mesmo ritmo das duas primeiras semanas, cada um de nós teria mais de doze mil quilos ao nascer. O aborto é hoje um monstro de proporções tão inimaginavelmente gigantescas que a simples ideia de enfiá-lo de volta em sua jaula (depois de tê-lo engordado com os corpos de trinta milhões de seres humanos) parece ridiculamente impossível. E, no entanto, é esse o nosso objetivo – uma tarefa hercúlea.

No final de muitas de minhas palestras, com frequência me chamam à parte e me perguntam: o aborto não está na raiz de todos os nossos problemas? A mentalidade abortista não se alastrou de tal maneira em nossa cultura que acabou por contaminar todas as instituições sociais que têm relação com nossas vidas: a educação, a família, o sexo, a política, a economia? E se o aborto fosse recriminalizado, nossa sociedade moribunda não se levantaria de seus aparelhos de respiração artificial com uma saúde robusta?

As respostas são «não», «sim» e «não». A *mentalidade* do aborto, na falta de palavra melhor, alastrou-se por nossa sociedade de forma tão sutil e agressiva que, mesmo que ele fosse milagrosamente recriminalizado, é extremamente duvidoso que desapareceriam de súbito todos os males a ele associados, como o abuso infantil, a pornografia, a violência contra as mulheres e o genocídio.

Vivemos numa época de niilismo exagerado – numa época de morte, em que, como diz o escritor Walker Percy (um colega médico: patologista que se especializou em autopsiar a civilização ocidental), «a compaixão leva à câmara de gás», à clínica de abortos ou ao consultório dos que praticam a eutanásia. Vivemos num tempo em que a definição de *pessoa* eleva-se tanto que cada vez menos conseguimos atingi-la, um tempo em que praticamente se abdicam dos valores morais, a ponto de serem tratadas as pessoas como objetos – e, sim, o aborto nos ajudou a fazê--lo. Trata-se de uma época em que se quebram os pilares da certeza – igrejas, escolas e instituições políticas –, de modo que todas as coisas, inclusive sua vida, meu amigo, estão abertas à discussão... Vemos o sufocamento metódico da autoridade e a completa fragmentação da ética normativa. Como são agradáveis e infinitas nossas escolhas! Matar, morrer, usar até que deixe de ser útil – e tudo isso sem nunca sermos julgados, nem sequer por nós mesmos (nós *quem*?). É como Alasdair MacIntyre observou tão bem: os bárbaros *não* estão nos esperando além das fronteiras, mas já estão nos governando há algum tempo.

Sou um dos que colaboraram para o advento desta época bárbara. Trabalhei duro para tornar o aborto legal, barato e acessível a qualquer momento. Em 1968, fui um dos três fundadores da Liga de Ação Nacional pelo Direito ao Aborto. Dirigi a maior clínica de abortos dos Estados Unidos e, como diretor, supervisionei dezenas de milhares de procedimentos abortivos. Eu mesmo realizei milhares deles. Como isso pode ter acontecido? Como posso ter feito essas coisas? Para compreendê-lo, vocês precisam saber um pouco a respeito de meu pai e seus deuses.

No passado, não me senti completamente apto a contar esta história. Em 1979, quando publiquei um livro semiautobiográfico chamado *Aborting America*, meu pai, a quem amava profundamente e odiava com igual profundidade, ainda estava vivo, e suprimi muitas de minhas reminiscências, sentimentos e memórias por respeito ao meu amor e à minha dívida para com ele. Hoje, porém, estamos em 1996 (ele morreu em 1990 com a idade homérica de 94 anos), e chegou o momento de contar toda a verdade: ele era uma força grandiosa e dominante em minha vida, e em muitos aspectos forjou as atitudes e crenças cruéis, niilistas e pagãs que por fim levaram-me a libertar – com um punhado de cúmplices – o monstro do aborto.

Meu pai era um homem notável. Nascera na cidade de Nova York em 1895, filho de um farmacêutico judeu que imigrara da Alemanha e de sua dedicada esposa, também imigrante judia. Era o último dos quatro filhos daquela união. Como a maioria dos recém-imigrados, a família vivia em dois aposentos na região sudeste de Manhattan. Meu avô, o farmacêutico, sustentava-se ajudando o boticário local, enquanto minha avó costurava para complementar a escassa renda doméstica.

Quando meu pai tinha um ano de idade, o farmacêutico contraiu tuberculose – naqueles dias, a doença mais temida que se podia imaginar; era a Aids de seu tempo –, e a «família estendida» tomou a decisão de enviá-lo a um sanatório no Colorado. Dizia-se então que o ar puro da montanha acalmaria de tal forma os pulmões atingidos que uma cura poderia iniciar-se ali. No entanto, mantê-lo no sanatório era caro, ainda que vários tios e tias contribuíssem mensalmente com pequenas quantias para seu sustento (eram todos recém-imigrados, tão pobres quanto ele). Não havia na época nenhuma assistência social ou saúde pública: era trabalhar ou morrer de fome. O farmacêutico, que não parecia estar melhorando no sanatório, tomara conhecimento de que sua esposa e filhos estavam quase morrendo de fome devido ao uso da maior parte dos fundos disponíveis para pagar sua estadia no Colorado; pouco tempo depois, enforcou-se em seu armário, a fim de que os fundos fossem gastos em alimento para seus filhos. Até seu último dia consciente, meu pai chorava sempre que me contava essa triste história; sobre o suicídio de minha irmã (era minha única irmã), porém, aos 49 anos de idade, ele nunca falava. Era divorciada e tinha três filhos; ninguém jamais conseguiu adivinhar o motivo de sua atitude. (Em 1979, eu era capaz de escrever estas linhas com a neutralidade de um personagem de Camus; hoje, contorço-me de dor e rezo em busca do efeito analgésico da oração.)

A família sofreu então uma divisão paralisante; minha avó foi levada a casar-se com um viúvo que morava em Ottawa, no Canadá. Tratava-se de um *shochut*, o açougueiro ritual que mata galinhas e vacas segundo as prescrições do Antigo Testamento, tornando-as *kosher*. Como já tinha cinco filhos, deixou claro para minha avó que só poderia aceitar um dos dela – os outros teriam de ficar com os parentes, que eram todos tão pobres e com tantos filhos quanto minha avó. Caso contrário, seriam deixados em orfanatos. Era uma «escolha de Sofia» Ela escolheu levar consigo o pequeno Joey, meu pai, então com dois anos de idade. Os que ficaram para trás foram mesmo para orfanatos. Isso os marcou por toda a vida, cada qual ao seu modo, e o mesmo ocorreu com meu pai.

Ottawa é a capital do Canadá, mas essencialmente não passava de uma pequena cidade com uma só atividade (o governo), dotada de uma minúscula comunidade judaica de talvez cinquenta famílias. A comunidade era tão pequena e tão pobre – não havia trabalho no governo para aqueles judeus de aspecto exótico, com seus longos casacos negros, seus chapéus de castor e suas *payesses* (as costeletas que nunca podem ser cortadas e que caem encaracoladas na frente das orelhas) – que não conseguia pagar pelo sustento de um rabino. O *shochut*, portanto, era o rei da comunidade judia ortodoxa e, dessa maneira, presidia casamentos, funerais, *bnei mitzvah* e dias santos. Desse modo, meu pai foi criado na comunidade judaica mais ortodoxa que se pode imaginar. Dizia-se que, quando o judeu que fundara a vinícola Manischewitz viajava para vender seu produto, nunca se hospedava em hotéis, mas sim com a família mais ortodoxa de qualquer comunidade em que estivesse naquela noite. Em Ottawa, tratava-se da casa de meu pai. Esta foi a rigidez religiosa em que foi criado.

Ele teve o azar de ser o mais inteligente e o melhor dos seis filhos da casa. E, não obstante fosse o mais jovem, logo acabou escolhido para preparar-se para o ingresso na mais santa das santas confrarias, o rabinato. Ia à escola hebraica todos os dias. O currículo concentrava-se sobretudo numa intensa análise do Talmude, 35 extensos livros sobre a Lei Judaica. No fim de sua vida, descrevia-me como ele e seus colegas *yeshiwabuchers* (estudantes da Bíblia e do Talmude) passavam horas a fio em *pilpel*, minuciosos discursos sobre o significado de uma só palavra do Talmude. O estudo da Torá e do Talmude ocupava suas manhãs; temas seculares menos importantes, como matemática, história do Canadá, francês e literatura, eram apresentados aos estudantes em estado de semiobnubilação após a hora do almoço. Aos treze anos, meu pai cumpriu a obrigação do *bar mitzvah*; o presente que mais apreciou (os presentes, nessa ocasião, eram muito maiores do que nos aniversários e no *Hanukkah*) foi um par de grossas meias de lã que sua mãe tricotara especialmente para ele, a fim de que mantivesse seus pés aquecidos durante o gélido inverno canadense.

Chegou então o momento de ingressar no ensino médio. Havia dois caminhos que o estudante podia escolher nesse ponto: a Escola Vocacional – na qual o aluno aprendia a ser mecânico, contador ou fazendeiro sem pagar nada – ou, se estivesse determinado a seguir a carreira acadêmica, o Colegial – um currículo dedicado apenas a estudos seculares. Desde sempre, ele julgara ter por vocação ser médico. Infelizmente, o Colegial *não* tinha seu preço; eram necessários dinheiro e inteligência para entrar. A taxa somava dez dólares anuais. Seu padrasto, que recebia 25 centavos para matar à maneira *kosher* uma galinha e cinquenta centavos para fazer o mesmo favor a uma vaca, se opôs; não podia abrir mão de dez dólares, mesmo se isso significasse que Joey teria de postergar indefinidamente seu sonho de tornar-se médico. Nenhum outro parente se ofereceu para dar esse dinheiro, e assim Joey passou um ano desagradável e frustrante aprendendo a ser contador. (Após sua morte, como um dos executores de seu testamento, revisei suas contas e livros-caixa. Embora morresse extremamente rico, seu registro de contas era um fiasco. Duvido que tenha se preocupado em equilibrar seus vários livros-caixa, mantendo a maior parte de suas contas na cabeça.)

Por fim, a avó de Joey deu-lhe os dez dólares anuais necessários para que pudesse frequentar o Colegial. Formou-se com honras naquele fatídico ano de 1914; foi dispensado do serviço militar no exército canadense durante a Primeira Guerra Mundial, por conta de sua má visão, e ingressou na Faculdade de Medicina da Universidade McGill no outono daquele ano.

Mesmo assim, era extremamente pobre. Suportava os invernos de Montreal com um casaco puído forrado com jornais; também usava jornais para substituir as solas de seus sapatos. Sua dieta diária consistia de duas fatias de pão branco e uma xícara de chocolate quente; nas noites de sábado, fazia uma extravagância e comia dois ovos e duas torradas num restaurante na St. Catherine Street, a principal rua de Montreal naquela época. Em um ano, desenvolveu um quadro clinicamente reconhecível de desnutrição: anemia (quantidade insuficiente de células vermelhas no sangue), hipoproteinemia (quantidade insuficiente de proteína no sangue para protegê-lo de infecções e permitir que alcançasse a altura que sua genética determinava), etc. O atendimento médico da universidade recomendou que fosse afastado da faculdade por ser fisicamente incapaz de suportar o horário exigente e os deveres de um estudante de Medicina, embora fosse (no final do primeiro ano) o segundo melhor aluno de sua turma, abaixo apenas de um homem negro das Índias Ocidentais chamado Philip Savory – que, por sua vez, trabalhava todas as noites como carregador de bagagens na estação ferroviária de Windsor, a fim de pagar seu curso na McGill. Quando meu pai estava a ponto de ser expulso, um bondoso professor de Medicina que desenvolvera certa afeição por aquele rapazote determinado e valente (que tinha 1,62 m de altura e pesava pouco mais de 47 quilos, ostentando um bigode ralo), começou a convidá-lo à sua residência todas as sextas-feiras à noite para comer com sua família. Ele enchia meu pai com enormes fatias de carne, fígado e espinafre; as sobras eram embrulhadas numa sacola de papel pardo para que as levasse a seu alojamento e as racionasse para os dias da semana seguinte. Gradualmente, sua anemia recuou e suas proteínas aumentaram; ele chegou até mesmo a ganhar cerca de um quilo e meio no ano seguinte. Anos depois, quando já havia se tornado imensamente bem-sucedido, muito mais do que ele mesmo sonhara ser, nunca conseguia falar sobre o professor LaFleur sem que seus olhos ficassem marejados. (Era o homem mais coração mole e sentimental do mundo – e o cirurgião mais desumano, implacável e casca-grossa que se pode conceber. Falarei mais sobre *isso* depois, porém.)

Algo de grande importância aconteceu com meu pai durante seu primeiro ano do curso de Medicina. Cada vez mais decepcionado com a ortodoxia judaica, que – segundo ele – era fruto de uma dose liberal (sem trocadilhos!) e ultrapassada de educação iluminista, rebelou-se contra quase tudo o que era judaico no final do primeiro ano e partiu o coração de sua dedicada mãe ao renunciar a todo o conjunto da Lei Judaica, principalmente as leis sobre a alimentação. Anunciou, não sem uma melancólica introdução, que, a partir de então (essa cena juvenil ocorreu no verão de 1915), *iria* misturar carne e leite na mesma refeição; *iria* comer carne de porco e derivados (uma rebelião dos sipaios ao contrário[1]!) e *iria* comer frutos do mar, como camarão e lagosta – e assim por diante, num discurso teatral tão pungente e tão eloquente que deixaria Lawrence Olivier morto de inveja. Sua justificativa para essa tremenda reviravolta religiosa estava em que, nos estudos do primeiro ano de Medicina, nunca encontrara nenhum traço de evidência empírica que apoiasse as restrições impostas pelas leis alimentares aos judeus ortodoxos observantes. Sua mãe chorou amargamente por sua apostasia. Porém, a verdade é que ele nunca comeu derivados de porco ou frutos do mar (duas das transgressões mais imperdoáveis do Talmude) até o dia em que *me* viu comê-los quando eu era adolescente; não só não caí morto

---

(1) Rebelião ocorrida na Índia em 1857, quando os sipaios, soldados hindus contratados pelo exército britânico, se recusaram a abrir (com a boca, como era habitual) os cartuchos de munição, que eram lacrados com gordura de animais. (N. do T.)

ali mesmo, mas parecia realmente estar gostando. A partir de então, aventurou-se naquele brejo *goyische*[2] sem parecer se preocupar – embora às vezes eu notasse, enquanto ele comia seus ovos com bacon, que olhava furtivamente ao redor com as orelhas em pé e todas as antenas ligadas, suponho que para melhor perceber uma repentina manifestação do temido *moloch-hamovis,* o anjo da morte. Como James Joyce, renunciara à sua religião, mas ela permanecera como o eixo de sua vida e de seu trabalho por todos os seus dias. Ninguém, absolutamente ninguém, conseguia contar uma piada de judeu como meu pai; era capaz de deixar os rabinos engasgados e trêmulos como gelatina.

No seu quinto e último ano da faculdade (a faculdade de Medicina e os anos preparatórios eram então uma coisa só), ele conheceu minha mãe. Era uma mulher alta, muito magra e dentuça, a mais velha dos seis filhos de John Dover, judeu ortodoxo e comerciante atacadista de produtos agrícolas. Sacos de batatas empilhavam-se atrás do sofá em sua sala de estar, e a família sentava-se em caixotes de cebolas durante as refeições. Nem é preciso dizer que eram tão pobres quanto a família de meu pai. Harriet Dover era três anos mais velha do que Joey Nathanson – tinha 28 anos quando ele a conheceu numa reunião «social» judaica, e a família já havia definido então que ela não se casaria. Havia abandonado a escola no sexto ano, e o que meu pai e ela teriam em comum para conversar, para rir e para romancear é algo que nunca consegui descobrir em toda a minha vida adulta. Talvez ele estivesse procurando outra mãe – ou talvez eu esteja me deixando levar aqui por uma pseudopsicologia barata.

---

(2) «Não judeu». (N. do T.)

De todo modo, eles ficaram «noivos». Ora, na comunidade judia ortodoxa, este é um passo muito sério e geralmente irreversível – exceto se uma das partes morrer ou cometer suicídio. Tratava-se também de um empreendimento financeiramente complexo e notavelmente mercenário: o pai da noiva assinava um papel prometendo ao noivo um dote, uma recompensa substancial por ter tirado a filha solteira de suas mãos. No caso de minha mãe, a quantia combinada foi de quinhentos dólares, a serem pagos até o fim do primeiro ano do casamento.

Meu pai, após terminar a faculdade, passara um ano como estagiário do Hospital Cívico de Ottawa, então uma das principais instituições de ensino na capital. Em seguida, fez um ano de residência no Hospital Bellevue, na cidade de Nova York. Durante aquele ano, tentou desesperadamente desmanchar o noivado com minha mãe, que retaliou ameaçando suicidar-se e jurando que toda a comunidade judaica em Ottawa ficaria sabendo com detalhes do motivo por que ela tirara a própria vida, bem como do responsável por isso. Aquilo provocaria um *schande* (escândalo) irreparável e acabaria com qualquer chance de ele desempenhar atividades médicas naquela cidade. Até mesmo sua mãe e seu padrasto, o *shochut*, cujas opiniões em assuntos éticos e morais ele valorizava, ofenderam-se com suas tentativas de terminar o relacionamento e aconselharam-no de acordo.

Em junho do ano seguinte, 1920, os convidados do casamento reuniram-se para as núpcias na única sinagoga local. De acordo com as negociações, o primeiro pagamento do dote de quinhentos dólares deveria ser feito no dia do casório. O pai de minha mãe murmurou apressadamente alguma coisa sobre ter se esquecido de trazer o dinheiro, em virtude de todo o agito dos preparativos. Meu pai, por natureza um homem profundamente desconfiado, acusou seu futuro sogro de traição, roubo e descumprimento da dívida. Somente depois da assinatura de outra nota promissória, testemunhada por seis dos convidados – três da família da noiva e três do noivo – foi que a cerimônia, agora uma farsa fatalmente comprometida, prosseguiu. Para o azar de minha mãe, ela tomou o partido de *seu* pai, dizendo que ele estava um pouco apertado de dinheiro naquele momento, mas que John Dover era um homem de palavra e honraria suas dívidas. Essa afirmação ia completamente de encontro à opinião da minúscula e quase incestuosa comunidade de Ottawa, que acreditava que o já mencionado John Dover era um mentiroso contumaz, um canalha, um homem desesperado tentando casar sua filha mais velha. O fato de o objeto de seu desespero ser um promissor médico judeu, alguém jovem e inteligente, apenas piorava as coisas e esticava os limites já delgados de sua moral até o infinito.

Meu pai contava com aquele dote a fim de financiar um ano de formação na Inglaterra para se tornar oftalmologista. John Dover, porém, nunca fez um único pagamento da dívida, e meu pai foi forçado a abandonar seus ambiciosos planos de ser um oftalmologista mundialmente reconhecido. Em vez disso, conformou-se em trabalhar por seis anos como clínico geral na claustrofóbica comunidade judaica de Ottawa, quando então foi para Nova York e, em 1926, se especializou em obstetrícia e ginecologia.

Meu pai nunca perdoou minha mãe pelo calote de seu pai no dote. (Ele, muito perversamente, conservou todos os documentos relevantes dessa tragicomédia e mostrou-os a mim quando eu tinha cinquenta anos e ele, cerca de oitenta). Vingativo e implacável, abriu um processo contra seu sogro meses depois de se casar com minha mãe, alegando ter sido enganado, prejudicado e lesado por Dover. O processo avançou e, meses depois, na véspera do julgamento, minha mãe revelou que tinha a intenção de testemunhar a favor de seu pai, negando que houvesse sido prometido qualquer dote e que, se de fato existisse um tal documento atestando a dívida, teria sido obtido por meio de coação emocional. Sua irmã Sylvia juntou-se a ela na resistência. Felizmente, um juiz bondoso e experiente persuadiu meu pai a aceitar o que parecia um acordo razoável, pelo qual receberia 50% do que lhe havia sido prometido em troca de desistir da ação. O caso nunca foi a julgamento, e meu pai começou a nutrir um ódio violento pela esposa, pela família dela... e por Ottawa. Ele nunca perdoou minha mãe; nunca permitiu que a irmã dela entrasse em sua casa e, em todas as ocasiões oportunas (e em algumas notoriamente inoportunas), amaldiçoava em alta voz toda a linhagem dos Dover. Sentia, ademais, um especial e perverso prazer em fazê-lo se minha mãe estivesse presente.

Antes de mais nada, por que ele deu continuidade àquele casamento? Por que não se divorciou de minha mãe após a chocante revelação de que apoiaria seu desonesto e mentiroso pai em vez de seu marido? Meu pai tinha respostas rápidas, mas claramente insinceras, a essas e outras perguntas... Por que tivera dois filhos com essa mulher, que odiava de forma tão palpável? Em minha opinião, apesar de ter corajosamente apostatado da sufocante moral da comunidade judaica de Ottawa, ele tinha medo da opinião pública. Não fui convincente? Tenho outras hipóteses: ele tinha uma ligação patológica com aquela mulher três anos mais velha, uma mulher que talvez representasse, em sua confusa percepção, sua própria e dedicada mãe, que o havia resgatado dos orfanatos; dedicava-se resolutamente à imagem da paternidade, de modo a erradicar, de alguma forma, a lancinante dor de ter perdido o próprio pai aos dois anos – e assim por diante (quanta pseudopsicologia vocês conseguem suportar?). O fato é que teve dois filhos com Harriet Dover depois de se mudarem para Nova York e que era um pai ferozmente protetor, dedicado, tirânico e justo, que exigia lealdade e submissão inquestionáveis, bem como um partidarismo sem críticas.

Capítulo 2

A casa de meu pai

Desde que me dou por gente, fico profundamente perturbado ante os repetitivos paradoxos que permearam toda a minha infância. Conhecer as coisas do judaísmo, mas não prestar culto. Ser um filho respeitoso, mas apenas com ele, o *pai strindberguiano*[1]. Meu pai me contaminou desde os seis anos com histórias dramáticas sobre como minha mãe e a família dela o haviam ludibriado, aliciado, adulado, feito promessas, levando-o a um casamento tragicamente triste e penoso com uma mulher mais velha, menos inteligente e menos erudita que ele. Nós dois dávamos longos passeios juntos, e ele enchia-me os ouvidos com comentários venenosos e resoluções revanchistas a respeito de minha mãe e sua família (Cláudio não enchera os ouvidos do rei com um veneno mais letal do que

---

(1) Nathanson relaciona seu pai com o dramaturgo sueco August Strindberg, provavelmente porque as infâncias de ambos tiveram diversos pontos em comum, como a pobreza, o abandono e a relação com a religião. (N. do T.)

aquele com que meu pai encheu os meus²). Minha mãe, ciente do que ele fazia, permanecia serena, educada e caridosa – generosa até o fim, apesar de eu inconscientemente repetir os insultos que ele inculcara em mim. Continuei sendo a arma, o fantoche, de meu pai até quase os dezessete anos, momento em que (como ele) revoltei-me e disse-lhe que não iria mais servir como agressor de minha mãe em seu lugar.

Quase tão perversa quanto a manipulação de meu relacionamento com minha mãe era sua manipulação do meu judaísmo. Até meu *bar mitzvah*, ele insistiu para que eu frequentasse a *cheder* (escola hebraica) três tardes por semana, depois da escola secular; exigia inclusive que fosse à escola dominical na sinagoga local. Quando eu chegava em casa, após aquelas incursões na religião judaica, perguntava-me o que havia aprendido. Eu lhe contava, de maneira ingênua, pois tinha apenas nove ou dez anos de idade. Sua reação era sempre a de demonstrar escárnio pelos ensinamentos que eu havia aprendido por ordem dele. Na melhor das hipóteses, demonstrava uma relutante tolerância com minha recitação, embora o mais frequente fosse que risse, às gargalhadas, do que eu tinha aprendido, ao que passava a desmontar com agudas perguntas a lógica e a substância de minhas lições – sem dúvida as mesmas perguntas que havia feito a si mesmo trinta anos antes, quando de sua apostasia. Não que eu houvesse erigido um monumento de fé que ele pudesse destruir; havia maldade, conflitos, revanchismo e ódio demais na casa em que fui criado.

---

(2) Alusão a *Hamlet*, de Shakespeare, cujo pai foi morto por seu cunhado Cláudio por meio de um veneno derramado em seus ouvidos enquanto dormia. (N. do T.)

No meio daquele mundo de agressões psicológicas e lealdades conflituosas, recebi uma educação de primeira classe, frequentando a melhor escola privada de Nova York desde os oito anos. No entanto, minha vida interior era tumultuada, tortuosa: sem fé, sem amor materno (não tenho dúvidas de que minha mãe adorava minha irmã e eu, mas tratava-se de uma figura severa e fria, incapaz de coexistir confortavelmente com a palavra "amor") e com um verdadeiro baú de fobias, fantasias e medos. Aos doze anos, convenci-me de que estava tendo um ataque cardíaco, e cheguei de fato a compor um testamento em que deixava minha luva de beisebol e meu tênis de basquete para minha irmã, Marion.

Marion: uma doce e inocente criança três anos mais nova do que eu, mas, assim como eu, também arrebatada e doutrinada por meu pai com o mesmo ranço dirigido à mamãe. Marion era um pouco moleca e amava esportes como eu, mas a constante torrente de acusações contra minha mãe levou-a a declarar-se aliada incondicional e zelosa de meu pai, perdendo assim qualquer chance de receber amor materno.

E assim crescemos. Marion tornava-se cada vez mais ligada a meu pai – até mesmo seu modo de andar passou a parecer-se com o dele. Eu, por outro lado, permanecia cada vez mais amargurado, ressentido e cheio de respeito por ele.

O rancor dominava nosso lar. Lembro com desanimadora clareza que a hora do jantar vinha sempre acompanhada de alguma discussão sobre um assunto atual ou historicamente relevante, e nela meu pai e eu discordávamos, frequentemente de forma violenta. Mãe e filha costumavam permanecer em silêncio durante os debates, em parte por ignorância e em parte pela prática do respeito. Ansiosos por provar nossos argumentos, corríamos à biblioteca a fim de buscar o livro de referência adequado (em geral, a enciclopédia) para resolver a questão. Invariavelmente, é claro, ele estava certo e eu errado (o lema sob sua foto no álbum de formatura da Faculdade de Medicina dizia: «Uma insaciável sede de conhecimento»). Segundo minhas recordações já desbotadas, nunca houve uma discussão ou discordância a respeito de assuntos morais, éticos ou filosóficos – tratava-se sempre de uma data, de uma batalha, de um assunto político ou de uma questão financeira.

Por que estou lhes contando toda essa sujeirada familiar? Poupar-lhes-ei da evidente observação tolstoiana, mas imploro-lhes que considerem o abismo psicológico que se abria debaixo de mim. Pensem na insuportável confusão de uma criança que cresce nessa casa cheia de ódio; pensem no desespero de um adolescente tão completamente contaminado com argumentos contra sua própria e inocente mãe que não perdia uma oportunidade de insultá-la, de denegrir sua inteligência e sua aparência – até o ponto em que, um dia, após soltar uma torrente de acusações contra ela e receber furtivos olhares de aprovação de meu pai, ela apanhou uma navalha em seu banheiro e perseguiu-me pelo apartamento com o objetivo declarado de abrir a minha garganta para cortar minhas cordas vocais.

Eu não tinha sequer uma semente de fé para nutrir-me. É verdade que fui educado com certa moralidade hipocrática à moda antiga. Havia um profundo respeito por aqueles que participavam de minha educação, e a integridade financeira era a pedra angular do edifício moral. Quantos sermões aguentei, quantas lições intermináveis de meu pai sobre a iniquidade da divisão de honorários entre médicos! Quanto engrandecimento próprio não testemunhei ao vê-lo falar sobre como resistira resolutamente à tentação de dividir honorários! (Em poucas palavras, «dividir honorários» consistia em encaminhar o paciente para um especialista em outra área e esperar em troca uma comissão desse especialista. Como é óbvio, havia nisso um conflito de interesses que beneficiava apenas os médicos envolvidos e nunca o paciente, que era jogado de um médico para outro por puro interesse financeiro.)

Bem, vocês poderiam perguntar: o que tudo isso tem a ver com o aborto? Com o uso experimental de embriões humanos? Com o desconcertante tema do uso de tecido embrionário para o tratamento de doenças em adultos?

Simples: na ausência de qualquer educação no âmbito da ordem moral interpessoal, exceto a mais grosseira; diante do desprezo pelas relações éticas com as mulheres e, em última análise, pelas próprias mulheres; e com a expectativa de seguir cegamente as sangrentas pegadas daquele homem deformado e pervertido, um monstro estava germinando dentro de mim. Esse monstro não reconhecia nada senão a utilidade, não respeitava nada além da força de vontade, ansiava pelo amor... e então o pervertia.

Vocês têm todo o direito de perguntar: e a sua mãe? Ela não lhe instilou nenhuma espécie de princípio moral sadio, nenhuma ordem de decência ética? Como tantas mulheres de sua geração, ela era dominada; vivia como uma serva e lacaia sem voz num opulento serralho, à base de casacos de peles, *mahjong* e uma maternidade respeitável. Não demonstrava nenhum interesse em meus trabalhos de escola (meu pai supervisionava esse aspecto de minha vida com o zelo de um feitor de escravos) e, em vez disso, realizava todas as sextas à noite uma pálida e diluída versão da cerimônia do Shabbat, tão breve e tímida (pois o patriarca não aprovava e não hesitava em fazer com que ela soubesse de seus sentimentos durante aqueles cerca de cinco minutos, grunhindo e fungando perceptivelmente sobre a travessa de comida à sua frente) que mais parecia a caricatura de um ato religioso. Pobre mulher! Mesmo naqueles cinco minutos, murmurava orações hebraicas com tanta falta de habilidade que estou convencido até hoje de que não tinha o menor conhecimento daquilo pelo qual estava rezando. Depois de acender as velas na sexta-feira à noite, inclinava-se e encostava em meu rosto, dando um beijo no ar, e então contornava a mesa e fazia o mesmo com minha irmã. Não ousava aproximar-se do patriarca.

Meu pai, quando abandonou o judaísmo ortodoxo, estava expressando a *sua* rebelião pessoal, a sua secularização. Havia sido criado na pequena Ottawa, e uma socialização casual com os *goyim* (gentios) estava além dos limites do Assentamento (a Zona de Assentamento era uma área de cerca de um milhão de quilômetros quadrados na Rússia czarista em que os judeus estavam legalmente autorizados a estabelecerem-se; em 1897, viviam aproximadamente cinco milhões de judeus nessa região limitada pelos mares Báltico e Negro). Na Universidade McGill, pela primeira vez ele encontrou os *goyim* e descobriu que não só não possuíam chifres, como podia competir com eles em condições de igualdade do ponto de vista intelectual, inclusive vencendo-os em seu próprio jogo. Ele seria o segundo de sua turma, superado apenas por Philip Savory.

Sua rebeldia expressou-se de forma persistente durante sua longa vida, mas era sempre filtrada pelo prisma de seus primeiros anos de extrema pobreza. Não hesitava em defender a igualdade de raças, e de fato foi o primeiro obstetra do Woman's Hospital – onde só havia brancos e gentios – a insistir para que suas pacientes negras (encaminhadas a ele por Philip Savory, que também encontrara seu caminho para Nova York, onde fizera enorme fortuna como clínico geral no Harlem) fossem colocadas em enfermarias junto com as pacientes brancas. Explicava-me desta forma: «Você vê, filho: elas estão no mesmo barco que nós [isto é, a discriminação], e por isso devemos nos ajudar». Não era um grande argumento para defender a igualdade racial, mas em sua época tratava-se de uma doutrina ousada.

Ou considerem, ainda, sua atitude com relação ao aborto. Ele era um homem severo e patriarcal, para quem as mulheres geralmente deviam ser relegadas a segundo plano. O feminismo ainda demoraria quarenta anos para aparecer, e a norma (e ainda mais importante, a lei) dizia que não se podia praticar aborto nenhum a menos que a vida da mulher estivesse em risco. Ele falava com desprezo sobre o aborto e seus defensores. Possuía apenas o suficiente do respeito judaico pela autoridade legal (e hipocrática) a impedi-lo de desrespeitar a lei. Quando, no final da década de 1960, tomei a liderança no questionamento daquelas leis que restringiam o aborto, ele manifestou desdém e vergonha por mim. No entanto, perto do fim da vida, admitiu que secretamente me admirara pela rebeldia e que desejara ter tomado parte naquela grande revolução sexual.

Embora nos tratasse mal, meu pai descobriu um de seus grandes interesses na vida a partir de algo que Marion havia dito na mesa do jantar. Era uma noite de novembro em 1937, e Marion, então com oito anos de idade e estudando na famosa Calhoun School de Manhattan, anunciou aos que estavam reunidos que sua professora mandara-lhe fazer um trabalho sobre Abraham Lincoln. Nesse momento, meu pai declarou a habitual interrupção da refeição e correu para o vestíbulo de nosso apartamento. O vestíbulo (estranha e elegante palavra que já quase não se vê mais nos pequenos apartamentos posteriores à Segunda Guerra, economicamente divididos de forma a aproveitar cada centímetro quadrado como área útil para as necessidades da casa. O vestíbulo, com sua entrada decorada para a sala de estar, era um luxo de antes da guerra) continha imensas prateleiras de livros e ao menos quatro importantes enciclopédias, com a *Enciclopédia Britânica* na condição de joia da coroa. Ele procurou tudo o que havia sobre Abraham Lincoln, declarou o jantar um fato consumado e começou a escrever, com pouquíssima contribuição de minha complacente irmã, seu ensaio sobre o décimo sexto presidente. Fosse pela aparência de Lincoln, por suas origens humildes, sua força de caráter, seu afeto incontestável pelos filhos, seu casamento claramente infeliz – fosse pelo que fosse (até hoje ainda fico perplexo com a intensidade da atração que desenvolveu pelo presidente martirizado), o fato é que criou uma admiração vitalícia por Lincoln e passou a revirar as livrarias e lojas de curiosidades de dezenas de cidades dos Estados Unidos (e de outros países) colecionando livros sobre ele, retratos, cópias de caricaturas políticas da época, estatuetas e bustos... Em suma, o vestíbulo tornou-se um depósito do que ele gostava de chamar a *Lincolniana*. Tornou-se conhecido por todo o país como estudioso e colecionador de materiais sobre Lincoln. Filiou-se a inúmeras sociedades dedicadas ao estudo do presidente. Escreveu vários artigos sobre aspectos bastante obscuros da vida dele, incluindo um particularmente intrigante sobre as relações de Lincoln com a comunidade judaica no século xix (se tiverem interesse, visitem a Coleção Nathanson a respeito de Abraham Lincoln na nova biblioteca da Universidade McGill, para a qual meu pai doou toda a sua coleção). Como era de se esperar, meu pai nunca comprou nenhum item realmente raro sobre Lincoln: estes eram, como ele dizia, «caros demais para mim». Seus dias de pobreza extrema e seu medo de ser forçado a voltar àquelas tristes circunstâncias exigia que se conformasse com artigos de segunda categoria, fragmentos e réplicas que eram interessantes, mas não caros. Desse modo, a coleção (que cresceu de forma progressiva mas ordenada, pois ele indexava e referenciava tudo) é uma excelente fonte de consulta sobre Lincoln para estudiosos canadenses, mas continha apenas um item realmente valioso: o diário do cirurgião que cuidara do presidente na noite em que ele foi baleado no Ford's Theater, em abril de 1865.

Chamem de rebeldia juvenil, de rancor ou mesmo de inveja, mas o fato é que me mantive distante dessa fascinação por Lincoln. Não obstante, herdei de meu pai a mania de colecionar. Ele provocou-a inicialmente ao montar para mim um álbum de cintas de charuto, aqueles selos coloridos que são colocados em volta deles; até a mania por Lincoln começar, ele e eu perambulávamos aos sábados à tarde pelas tabacarias e convencíamos os donos a procurar em seus lixos por cintas velhas. Então as alisávamos com um velho ferro de passar, colocávamos em nosso álbum e admirávamos a coleção que ia crescendo e prosperando. É uma pena que eu não saiba onde está agora aquela coleção, mas tornei-me um colecionador desde então.

Foi apenas aos trinta anos que descobri o escritor que se tornou para mim o que Lincoln era para meu pai. No meu trigésimo aniversário, minha esposa me deu um exemplar da biografia de James Joyce, autor que eu nunca lera, escrita por Richard Ellman. Ela me desafiou a ler o livro, e depois comecei a ler tudo o que Joyce havia escrito. Como era de se esperar, fiquei tão obcecado por Joyce quanto meu pai por Lincoln. Li tudo o que ele escreveu, obtive primeiras edições de todas as suas obras, colecionei centenas de livros sobre o autor, escrevi artigos acadêmicos sobre sua obra e até dei cursos sobre *Ulisses*.

Por que fiquei tão fascinado com Joyce quanto meu pai ficara com Lincoln? Não poderia haver dois homens mais diferentes. Lincoln era publicamente agnóstico e profundamente religioso na vida privada, enquanto Joyce era o arquétipo do rebelde anticatólico não praticante e virulento. Lincoln encarnava as virtudes do servidor público: sabedoria, integridade, compaixão, perspicácia, temperança e força – todas elas diluídas numa atraente mistura de melancolia existencial e harmonia platônica. Joyce era um celta desordeiro, beberrão, meio cego, com uma erudição colossal e um egoísmo ainda mais colossal, alguém que desprezava os irlandeses, a humanidade e Deus com igual intensidade – e, no entanto, católico até a medula e ferozmente irlandês. Talvez isso seja mais pseudopsicologia da minha parte, mas Lincoln era o Deus-Pai inefavelmente sábio do Antigo Testamento, a quem meu pai buscara por todos os dias de sua vida sem pai; Joyce era o gênio irreverente, apaixonado e desordeiro que eu sempre admirei e até mesmo reverenciei. Meu pai sabia de minha veneração por Joyce e maravilhava-se frequentemente com o tamanho de minha coleção, mas nunca conseguiu entender o que eu via num misantropo tão dissoluto, desarmonioso e rabugento, que produzira uma literatura tão patentemente incompreensível que desafiava até mesmo o *yeshivabucher* (estudante do Talmude) que havia nele.

Meus pais me mandaram para a Columbia Grammar School, uma das melhores de Nova York. Lá havia, na época, um corpo discente predominantemente judeu, formado pelos filhos dos mais ricos e influentes judeus nova-iorquinos, entre eles Tom Sarnoff, filho do general David Sarnoff, fundador e principal acionista da NBC. O corpo discente era provavelmente 99% judeu. Em nossa classe de 32 alunos, lembro-me de apenas um garoto que não o era: Tom Mix, jovem alto, magro, desengonçado e bastante pálido por quem me afeiçoei; convidava-o para vir à nossa casa aos sábados, a fim de nos divertirmos. Tinha uma vaga noção de que não era judeu, mas o assunto nunca veio à tona até o dia em que eu, então com quase onze anos de idade, e vários outros garotos judeus começamos a discutir nossos planos para a celebração da Páscoa. Quando chegou a vez de Tom falar, deixou escapar timidamente que era um «gentio» e não celebrava essas festas. Um silêncio constrangedor abateu-se sobre o grupo e, talvez pela primeira vez em minha vida, dei-me conta de que havia pessoas que não compartilhavam do *yiddishkeit*, o fácil sentimento de comunidade que os judeus experimentam na companhia uns dos outros e sobre o qual Irving Howe escreveu com tanta eloquência em *O mundo dos nossos pais*. Consistia na facilidade de trocar experiências mútuas (A qual escola hebraica você vai? Seus pais são ortodoxos, conservadores ou reformistas? Vocês se mantêm *kosher*?), na inserção ocasional de uma expressão em ídiche, na ansiosa expectativa comum pelo monte de presentes que vinham com o *bar mitzvah* aos treze anos. Subitamente, percebi que Tom Mix era um estranho a esse mundo. Daquele dia em diante, meu relacionamento com ele nunca mais foi fácil.

Embora os alunos fossem em sua imensa maioria judeus, o corpo docente era quase todo gentio. O diretor, um distinto ex-aluno da Universidade de Dartmouth chamado sr. Alden, tinha o cuidado de evitar quaisquer referências à religião. Mesmo assim, no Natal cantávamos canções natalinas em latim e, de tempos em tempos, os professores faziam-nos rezar o Pai-nosso. Tenho verdadeira convicção de que aquelas canções natalinas, as decorações e as árvores de Natal na escola deram um benévolo sabor à minha juventude. Já naquela época, percebia que Jesus Cristo não era um demônio. Tinha uma vaga noção de que Aquele que era responsável por uma beleza tão incrível devia ter *algumas* qualidades que o redimissem.

Meu pai, como já observei, havia se voltado contra a religião, e eu acreditava que a religião nada tinha a me proporcionar, que era um fardo. Não obstante, continuei a frequentar a escola hebraica três vezes por semana até meu *bar mitzvah*. Por insistência de meu pai, a Columbia Grammar School havia providenciado para que um professor me levasse até lá após o fim das aulas do dia. A escola hebraica localizava-se nos fundos da sinagoga V'nai Jeshurun, na esquina da Broadway com a rua 89. Tratava-se de uma congregação «conservadora», nem ortodoxa nem reformista, mas com forte tendência para a ortodoxia, com as mulheres relegadas a um balcão fechado com cortinas. Tínhamos dois professores. Um era Lewis Terman, homem severo, dotado de uma voz estridente como um rato e de um horroroso bigode, fino como se feito com lápis; e a outra era sua calorosa e cativante esposa, cujos modos amáveis e seu bondoso interesse por nós nunca fraquejavam. Como posso ter me esquecido do nome de uma pessoa tão querida?

O sr. Terman, por outro lado, era um bruto. O boato que circulava era de que urinava pingentes de gelo, e eu não tinha motivos para duvidar. Sua maior preocupação parecia ser o quão rápido conseguíamos ler as muitas orações em hebraico, e duas vezes por semana organizava disputas que envolviam velocidade. Eu sempre ficava atrás de um garoto chamado Burt, que parecia ser capaz de desfiar longos trechos do *Siddur* (o livro de orações) com uma rapidez que teria deixado Evelyn Wood espantado. O que significavam as orações? Qual era sua tradução em inglês? Considerações periféricas como estas não eram tidas por importantes nas aceleradas aulas do sr. Terman. Éramos insultados e punidos com trabalho extra se ficássemos para trás. Por muitos anos, o sr. Terman foi para mim a representação viva da religião judaica: severo, implacável e alienante. A escola dominical não era melhor. Professores arrogantes e aborrecidos nos ensinavam a história judaica na forma de nomes, datas, batalhas e narrativas empoeiradas sobre estudiosos do Talmude e prósperos heróis.

Não tenho aqui o propósito de apresentar-me como vítima; estou certo de que muitos católicos, ao recordar o ensino religioso de sua infância, poderiam sem dificuldade recitar a mesma ladainha de queixas sobre a catequese e a memorização dos dias dos santos. Todavia, no centro de meu tormento particular havia um grande e doloroso vazio.

A imagem que fazia de Deus em minha infância – tal como a vejo ao refletir sobre ela seis décadas depois – era a da figura carrancuda, majestosa e barbada do Moisés de Michelangelo. Senta-se encurvado no que parece ser seu trono, meditando sobre meu destino e a ponto de emitir seu juízo inevitavelmente condenatório. Este era meu Deus judeu: imenso, leonino e proibitivo.

(Que revelação não foi para mim quando, na Força Aérea dos Estados Unidos, levado por pura frustração e tédio, comecei a frequentar um curso noturno de estudos bíblicos e descobri que o Deus do Novo Testamento era uma figura amorosa, disposta a perdoar e incomparavelmente indulgente, no qual eu iria procurar, e por fim encontrar, o perdão que perseguira em vão por tanto tempo.)

É claro que, embora não fôssemos religiosos, celebrávamos os feriados judaicos com toda a intensidade. Para os grandes dias santos judeus (*Rosh Hashanah*, *Yom Kippur*), meu pai conscienciosamente comprava ingressos para ele e minha mãe. Como criança, era ingênuo e acreditava que todas as religiões exigiam ingressos para a participação em suas cerimônias, de modo semelhante a um jogo de futebol (mesmo na tenra idade de nove anos, eu já era um grande fã do New York Giants no beisebol e dos times de futebol americano). Foi só no meio de minha adolescência – anos depois de meu *bar mitzvah* aos treze, após o qual nunca mais pus os pés numa sinagoga – que comecei a ficar intrigado com o motivo pelo qual a religião judaica exigia a compra de ingressos para a adoração, ao passo que as outras religiões tinham uma política de portas abertas. Sabia que uma cesta de coleta era passada em determinado momento nas cerimônias católicas e protestantes, mas comprar ingressos para esse propósito dava a impressão de que a religião era encarada como um entretenimento – ou pior: como uma espécie de mercadoria indefinida. Até hoje ainda me espanto com o fato de esse costume permanecer inalterado, e já cheguei inclusive a presenciar cambistas vendendo os últimos ingressos para o *Yom Kippur* a poucos passos das portas do Templo de Emanuel. Que espécie de religião é essa, em que é preciso comprar o direito de entrar no templo para poder entrar em comunhão com Deus? Até hoje fico perplexo com esse costume bizarro. Não tenho dúvidas de que ele contribuiu, mesmo que de forma marginal, para minha apostasia.

Meu pai participava das cerimônias naquelas festas solenes e, tendo sido formado para o rabinato, não apenas cantava junto com o cantor e rezava junto com o rabino, mas também balançava junto com a congregação (os judeus oscilam para a frente e para trás enquanto oram; há certa correlação entre a intensidade desse balançar e o fervor religioso da pessoa, mas essa pode ser uma lei de Nathanson, impossível de ser verificada por qualquer estatística confiável). Os mais jovens, como eu, faziam uma pausa de vez em quando e saíam da *shul* (sinagoga) por um breve período, a fim de conversar com os amigos na calçada do lado de fora, provocar as meninas e rir de algum judeu mais velho que – num assomo de fervor – tivesse cantado mais alto do que o resto da congregação, arrotado (uma abominação no *Yom Kippur*, dia de jejum estrito) ou sido vítima de flatulência durante algum momento particularmente solene da cerimônia.

Os dias santos eram quase sempre em setembro, em geral no período mais quente do mês, e nós, os jovens, íamos vestidos com nossas melhores roupas; era um tempo muito anterior ao surgimento de tecidos mais leves, e eu suava profusamente em meu terno de lã e meu chapéu cinza à Humphrey Bogart. Eu era tão sensível àquela lã áspera, ainda mais desagradável pelo suor que a encharcava, que comecei a usar uma calça leve de brincar *debaixo* da minha calça de lã. Meus pais achavam esse costume hilariante e nunca perdiam a oportunidade de lembrar-me de que um rasgão na minha calça seria um acontecimento insignificante, já que eu tinha outra por baixo – uma calça reserva, diziam. A revelação (de que eles sabiam desse costume e zombavam dele) foi uma infindável fonte de vergonha para mim, embora não tanta para que eu abandonasse a prática.

Depois da cerimônia do *Yom Kippur*, que geralmente terminava por volta de cinco horas da tarde (jejuei varonilmente durante todo o dia nessa solenidade desde os oito anos de idade), voltávamos todos para o apartamento de meus pais na rua 86 Oeste, próximo ao Central Park. Ali, tios, tias, amigos e conhecidos (a família de minha mãe *não* era convidada) reuniam-se para festejar. Começávamos sempre com jarros de suco de laranja (meu pai, como médico, prescrevia-o para todos, pelo sensato raciocínio fisiológico de que aquilo elevaria o nível de açúcar no sangue mais rápido do que qualquer outra coisa), e depois todos os pratos tradicionais começavam a sair da cozinha (preparados em sua maior parte pela cozinheira negra, muito mais talentosa do que minha mãe, cuja única habilidade culinária era a criação de bons doces, especialmente um leve e apetitoso *cheesecake*): o *kishke* (uma pesada mistura de massa e banha, coberta generosamente com um saboroso molho escuro); *gefilte fish* (uma versão brutalizada da *quenelle*, feita com a carne moída da carpa e do lúcio); *kneidl* (sopa de galinha com bolinhas de fubá); *kasha varnishkes* (esculturas semelhantes a raviólis recheadas com trigo sarraceno e cobertas com o mesmo molho pesado e delicioso usado no *kishke*); *lox* (diferente do «salmão defumado», era mais grosso, mais saboroso e muito mais gorduroso); grandes travessas de creme azedo, queijo *cottage* e *cream cheese*; e enormes fatias de *challah*, pão amarelado e trançado com giros e sulcos.

Depois que todos estavam saciados; depois de todos se servirem, resmungarem, devorarem e beberem em grandes goles o enjoativo e doce vinho cerimonial de Manischewitz; depois das visitas obrigatórias ao banheiro; e depois das idas aos sofás da sala de estar, em que se deitavam um pouco para «deixar a comida assentar», as pesadas tropas tornavam a erguer-se e reuniam-se mais uma vez ao redor da imensa mesa de jantar para seu costumeiro jogo de pôquer. Meu pai era um jogador astuto e invariavelmente bem-sucedido, mas minha pobre mãe, que era uma excelente jogadora de *bridge*, não era páreo para aqueles abutres que encaravam o pôquer com a mesma reverência de um apostador num cruzeiro. Entre gritos, grunhidos de insatisfação, pragas e imprecações, o jogo era finalmente interrompido às dez ou onze horas da noite, e minha irmã e eu (que a essa altura já teríamos pedido licença por ordem de meu pai a fim de fazer a lição de casa e ir para a cama) ouvíamos as portas batendo, as vozes arrastadas prometendo repetir o feito no ano seguinte («Se Deus quiser») e o rangido do velho elevador que levava os adoradores, os *gourmands* e os trapaceiros até o térreo, onde o barulho metálico das portas do elevador, ao se fecharem, marcava o fim do feriado.

Onde estava Deus em todo esse comércio, essa festança, essas apostas e imprecações, entre essa gente que se arrastava até a porta? Será que estivera lá na mesa observando-nos, vendo-me montar meus sanduíches enormes (uma fatia de *challah*, algumas fatias de tomate, alface, *cream cheese*, *gefilte fish*, *kishke*, ovos duros e outra fatia de *challah*)? A montagem e a forma como eu devorava aqueles sanduíches sempre divertia os parentes e amigos, e meu pai balançava a cabeça com ar de aprovação. O sentimento de comunidade era irresistível, mas consigo até hoje perceber o vazio, o centro oco de toda aquela celebração e bons sentimentos. O que estávamos de fato celebrando? Parecia-me então, e a sensação persiste, que estávamos todos celebrando o *fim* do jejum, o fato de termos sobrevivido a mais um dia santo. Tratava-se mais de um rito de passagem do que uma observância religiosa, e eu saía dela com o ar satisfeito de um sobrevivente, e não com a sensação de que era uma das criaturas de Deus que lhe havia confessado meus pecados (o *Yom Kippur* é um dia de expiação, um dia separado em cada ano para que cada um reconheça os próprios pecados e transgressões) e recebido a absolvição – e suspeito de que os outros sentiam o mesmo.

O epicentro de meu mundo de fantasia, o núcleo de minha imaginação, era o cinema. A projeção em branco e preto era em si mesma uma representação da certeza. As tramas eram previsíveis e extraordinariamente morais. Os atores eram certos: Gary Cooper era sempre um herói, Edward Arnold com certeza um vilão, enquanto Madeline Carroll, Norma Shearer, Paulette Goddard e Carole Landis eram todas belas, charmosas e tremendamente desejáveis. Entrar num cinema era um universo tão certo e digno de fé para mim quanto uma igreja para um católico devoto. Nos anos 1930, os fundamentos da sociedade espatifavam-se ao nosso redor, mas a boa e velha Hollywood tranquilizava-nos com certezas atemporais, solucionando todas as dúvidas desconcertantes, as angústias sobre a sexualidade, os sofismas... O que sobrava era um purê de vida infinitamente brando.

O cinema era sobretudo um refúgio da tumultuada paródia de casamento em cujo centro minha irmã e eu vivíamos. Uma revista, a *Movie Story*, era o mapa de meu refúgio. Não fazia críticas de filmes, mas dava uma lista detalhada dos elencos, resumia as tramas com considerável detalhamento e, o que era mais importante, revelava a duração exata de cada filme. Ora, este pode parecer um detalhe pequeno para o leitor, mas para Bernard, então com doze anos e ansioso por um lugar escuro e seguro em que pudesse perder-se, tratava-se de um ponto essencial. Os filmes de Errol Flynn em geral eram longos, e lembro-me de ler uma vez sobre um que durava mais de duas horas. Naqueles dias, o filme duplo era o padrão, de modo que, juntando o inevitável filme B que acompanhava o de Flynn, eu podia contar com três horas inteiras para relaxar em minha poltrona e sorrir no escuro.

Eu ia às sessões sozinho – nem mesmo minha irmã podia me acompanhar, exceto por determinação paterna. Sempre me sentava na segunda ou terceira fileira, para melhor me perder no universo da tela. Um grande vazio em meu interior era preenchido uma vez por semana com contrastes de fantasia, imitações baratas da vida, bagatelas feitas em Taiwan...

A esta altura já deve estar bastante claro para o leitor que o centro de meu universo era meu pai; minha mãe já há muito tornara-se para mim um espectro. Pude já mencionar as onipresentes disputas psicológicas em meio das quais cresci: não havia nenhuma moral normativa consistente, nenhuma regra ética aplicável à obtenção de uma boa vida. Sem dúvida, meu pai insistia numa honestidade absoluta com relação a ele e à sociedade (embora não tivesse escrúpulos em mentir descaradamente para minha mãe a respeito de suas atividades sexuais extraconjugais e me encorajasse implicitamente a fazer o mesmo). A única vez em que me bateu foi quando me flagrou numa mentirinha tola aos onze anos, a qual envolvia a solene promessa que lhe fizera de não parar para pegar um amigo no caminho para a escola dominical. É claro que eu o fiz; ele descobriu-me em flagrante delito, esperando que meu amigo descesse para irmos à escola, e bateu-me na boca, anunciando minha mentira e advertindo-me de que nunca devia mentir para *ele*. Dizia-me com frequência e com força que «uma mentira leva a outra», mas nunca falou sobre a imoralidade de mentir.

Ele foi, até o fim, um homem profundamente confuso, frágil e impulsivo, com uma vida destituída de qualquer sentido: apreciava o acúmulo de riquezas, mas nunca gastava um centavo a mais do que o estritamente necessário. Tinha reverência pelo estudo (e o praticava), mas nunca ousou mergulhar abaixo da superfície dos fatos e números a fim de explorar os porquês. Considerava-se um rebelde e um inovador, mas por toda a sua vida teve um medo pungente das autoridades (sempre pagava a mais seus impostos, por medo de que o fisco aparecesse um dia na sua porta e exigisse comprovação). A percepção de que estava sendo observado por um policial fazia-o tremer como gelatina, mesmo que não tivesse feito nada de errado.

Não acreditava em Deus, mas em algum «poder superior». Durante toda a vida proclamou que não queria nada com rituais primitivos como funerais e que desejava simplesmente ser cremado da forma mais eficiente e menos cerimonial possível. No entanto, seu testamento estipulava que deveria ser enterrado ao lado da coitada de sua filha, a quem reduzira a menos do que uma cifra em sua vida. Eu, como seu único herdeiro e descendente imediato, quis cumprir seu desejo da cremação. Contudo, apesar de haver providenciado o que ele supostamente quisera já nas primeiras horas depois de sua morte, fiquei estupefato quando sua neta, filha de minha falecida irmã, mostrou-me um documento comprovando que ele havia comprado um jazigo ao lado de minha irmã imediatamente após a morte dela, com o que planejava mesmo ser enterrado ao seu lado – não obstante as bravatas superficiais a respeito da cremação, da eficiência e da ausência de qualquer cerimônia.

Por incrível que pareça, minha irmã era ainda mais dominada por nosso pai do que eu. Ao cair completamente sob seu feitiço, Marion tornou-se quase invisível. Repetia suas palavras e envolvia-se com suas atitudes frequentemente irracionais (ele adotara um repúdio quase psicótico por Franklin Roosevelt, e ouvir aquelas palavras de ódio por FDR saírem de sua boca inocente era uma experiência a princípio ridícula, mas cada vez mais patética). Ela cedeu sua vida inteira ao papai.

Quando chegou a época de casar, depois de se formar em uma universidade em Boston, meu pai escolheu um possível noivo, aliciou-o com promessas de ajuda financeira (o noivo era dentista) e, por fim, arranjou as coisas para o casamento; saíram três filhos desta união – que durou até que Arnold (o marido) declarou-se independente de meu pai numa tempestuosa tarde de domingo (tinha então uma próspera clínica dentária), quando meu pai decretou que era hora de desfazer o casamento e que *ele* passaria a cuidar de Marion e de seus três filhos. Ela obedientemente divorciou-se de Arnold e trocou sua grande e luxuosa casa em Yonkers por um pequeno apartamento térreo em Riverdale; passou a viver desde então com a ajuda financeira lamentavelmente exígua que meu pai lhe dava todo mês com a mesma cerimônia de quem pagava o resgate de um rei.

Com sua saúde mental destruída; com a saúde física intacta, mas – para sua mente confusa – suspeita; com filhos rebeldes, vítimas de más companhias e faltando às aulas, minha irmã matou-se numa ensolarada manhã de agosto com uma overdose de sedativo. Seus filhos descobriram-na cedo naquela manhã, com metade do corpo para fora da cama, o vidro de remédios vazio. Chamaram meu pai, que correu para o apartamento, soluçou incontrolavelmente por uma hora e, então (em clara desobediência à lei nestes assuntos), passou-se por seu médico pessoal, assinando seu atestado de óbito com uma história fictícia centrada numa doença cardíaca. Fez com que a enterrassem em 24 horas. O peso do suicídio de outra pessoa próxima a ele era-lhe evidentemente insuportável. Tinha 84 anos quando minha irmã morreu (ela tinha 49), e pelo resto da vida nunca falou sobre sua morte. À menção de seu nome, começava um longo, suspiroso e gutural lamento, um som tão temivelmente animal que provocava um estremecimento incrédulo em quem quer que o ouvisse.

E eu? Tive três casamentos fracassados e fui pai de um filho que é taciturno e desconfiado, mas brilhante em ciências da computação.

Capítulo 3
O pilar de fogo

Comecei no verão de 1943 os estudos que antecediam os estudos médicos na faculdade. A Segunda Guerra Mundial vinha se intensificando em ambas as frentes de batalha, e quando ingressei na universidade tinha a persistente sensação de estar excluído daquele drama. O *campus* de Cornell estava repleto de estudantes das forças armadas, e os jovens *descamisados* sentiam-se em geral como párias, sobretudo se não apresentavam nenhuma deficiência manifesta. Meu colega de quarto, Joe Nemeth, que tivera pólio quando criança e que mal podia ir mancando de uma aula para outra, ficava imune aos aparentes olhares acusatórios dos uniformizados.

Como eu queria estar no exército, ser parte do apocalipse que ocorria em todo o planeta! Quando completei dezoito anos, no início de meu segundo ano em Cornell (estávamos num programa acelerado e por isso, naquela época, eu já tinha obtido créditos suficientes para ser considerado do terceiro ano), fui chamado a comparecer a um exame físico militar. Fiquei entusiasmado com a possibilidade de ser convocado e informei obedientemente a meu pai que havia recebido minha carta de «saudações» do Tio Sam.

Até hoje não sei o que ele fez. Conheceria alguém em meu posto de alistamento? Teria atestado que eu sofria de alguma doença misteriosa? De todo modo, fui examinado, considerado inapto para o serviço militar, uma vez que minha visão era deficiente, e mandado de volta como um «4-F» a fim de continuar meus estudos em Cornell. Era, porém, apenas moderadamente míope. Arthur Sloane, um de meus colegas na Columbia Grammar School, que sofria do mesmo quadro, foi convocado quando se formou no ensino médio e morreu em campo na Batalha das Ardenas.

Nos anos que se seguiram, meu pai e eu nunca discutimos o episódio. Eu simplesmente não queria ouvir a verdade. Acredito que, em seu insaciável zelo para que me tornasse médico e seguisse seus ilustres passos, tenha transgredido algum indefinível padrão moral – ou quiçá até legal. Seria insuportavelmente embaraçoso para ambos reabrir essa ferida. Basta dizer que me ressenti de sua interferência na época, e ainda hoje considero difícil entender uma infração tão incontrolável em minha autonomia. No entanto, como Pascal disse certa vez, «o coração tem suas razões, que a razão desconhece», e atribuo (caridosamente, espero) essa frustração de meu desejo de ir à guerra à manifestação de um homem profundamente ligado a seu único filho, determinado a poupar-lhe as tristes realidades da guerra e, ainda mais fortemente, focado em moldar seu filho segundo o modelo de médico que ele mesmo desejara ser de forma tão indômita.

Continuei meus estudos em Cornell com sucesso mediano; fui certa vez chamado ao escritório do titular de artes liberais a fim de explicar por que vinha sistematicamente trapaceando um colega mais jovem em nosso jogo de pôquer noturno (nunca trapaceei: ele apenas reclamara com sua mãe que estivera perdendo toda a sua mesada no jogo; a verdade é que era um péssimo jogador). Permaneci independente, nunca me juntei a nenhuma fraternidade e tinha poucos amigos. Meu pai, acredito, preferia que fosse assim, para que me concentrasse melhor em meus estudos e fosse rapidamente admitido numa faculdade de medicina. Os poucos amigos que tive eram judeus de Nova York de estrato social inferior ao meu e, em sua maior parte, fortemente inclinados às políticas da esquerda radical – por exemplo, a Liga Comunista Juvenil, então conhecida como Juventude Americana pela Democracia. Virgem na política, fui a algumas reuniões desse grupo e senti-me indescritivelmente entediado (e os colegas que participavam dessas reuniões eram uniformemente desprovidos de senso de humor, usavam bigodes espessos e eram morenos como ciganos); então, abandonei rapidamente qualquer interesse embrionário que tivesse fomentado naquele campo. No entanto, esse episódio aparentemente inocente e transitório voltou para assombrar-me na era McCarthy.

Meu pai teve a esperteza de cultivar habilmente a boa vontade de um certo F. Cyril James, o reitor (leia-se: presidente) da Universidade McGill em meados dos anos 1940. James era um inglês gentil, de rosto inexpressivo, que poderia ser interpretado pelo venerável C. Aubrey Smith se alguém fizesse um filme de sua vida. Era também um beberrão de resistência colossal, ao passo que meu pai não tinha nenhuma experiência com álcool, exceto pelos vinhos enjoativos e doces das muitas festas judaicas. Quando James visitava Nova York, meu pai o levava para jantar e tentava acompanhá-lo na bebida no Yale Club; inevitavelmente, o táxi parava depois em frente ao nosso prédio na rua 86 às oito da noite, onde meu pai cambaleava para fora e vomitava até não poder mais. Havia tido mais uma conversa franca com F. Cyril James. Essas conversas seriam de grande proveito para mim.

Quando chegou a hora de candidatar-me à faculdade de medicina, meu pai orientou-me a candidatar-me apenas em duas instituições: Harvard e McGill. Fui recusado em Harvard. Não lamentei a negativa, mas, quando recebi uma carta de rejeição da McGill, fiquei realmente estupefato. Meu pai assegurara-me que a aceitação na Faculdade de Medicina de McGill era tão certa quanto as órbitas dos planetas. Telefonei para dar-lhe a notícia numa manhã de sexta-feira, em meados de abril de 1945. Podia sentir o sangue subindo por seu rosto à medida que o ouvia. Ele bufou por alguns minutos, prometeu-me que estaria em McGill em setembro e desligou abruptamente. Quatro dias depois, recebi uma nota de desculpas do reitor, o professor James, dizendo que houvera um erro indesculpável na secretaria do escritório do diretor da Faculdade de Medicina e que era claro que eu devia comparecer à faculdade em 1º de setembro de 1945.

Muitos anos depois, meu pai contou-me sobre a conversa que tivera com James naquele fatídico dia mesmo. Disse-me rindo que soubera exatamente quando telefonar ao reitor, devido a um profundo conhecimento sobre o hábito de beber do sujeito, e protestara sobre a grande injustiça que era impedir seu filho de entrar na faculdade de medicina da McGill. James imediatamente sentou-se para fazer um bilhete ao diretor da Faculdade de Medicina e fez com que um mensageiro o entregasse a todos os envolvidos no processo de admissão; antes que sua dor de cabeça tivesse passado na manhã seguinte, eu estava aprovado.

É aqui que minha saga começa de verdade: num dia quente e úmido de verão em Montreal, Canadá, o dia em que me matriculei para minhas aulas do primeiro ano de medicina. A faculdade localizava-se então em Strathcona Hall, um castelo medieval com formidáveis muros de pedra cinzenta, vastos arcos emoldurando portas pesadas e ameias em formato de cone nos cantos do edifício. Decorando as paredes internas havia placas comemorativas dos períodos de atividade de vários membros da faculdade. Os nomes eram-me bastante familiares: Henry LaFleur, *Sir* William Osler, Walter Chipman – estes eram os heróis de minha infância e adolescência. Meu pai havia saturado-me com a virtude, a sabedoria e a dedicação desses homens. As expectativas oprimiam-me com força esmagadora: como estar à altura do excelente currículo daqueles homens, obtido em face de indizíveis adversidades? Mesmo assim, tratava-se de um momento de uma solenidade indescritivelmente doce.

Eu vivia então num cavernoso quarto alugado na University Street, a dois quarteirões da Faculdade de Medicina. Minha senhoria era uma muçulmana obesa e neurótica chamada Eva Long, que aperfeiçoara uma forma de andar sem ruído capaz de envergonhar Touro Sentado; esgueirava-se até minha porta tarde da noite e, então, batia vigorosamente para anunciar que já era tarde demais para andar pelo quarto, ou deixar as luzes acesas para estudar, ou receber colegas com quem eu revisava a matéria das provas... Meu aluguel era de dez dólares por semana, a serem pagos com um mês de antecedência.

Naquele primeiro ano, tomava o café da manhã e o jantar numa pensão na esquina. A proprietária era uma escocesa corpulenta e calorosa, que se deliciava em acomodar uma dúzia de estudantes de medicina a uma grande e antiquada mesa no meio da sala de jantar, sobre a qual servia gigantescos pernis bovinos, baciadas de purê de batatas e montanhas de couves-de-bruxelas (por que os escoceses gostam tanto de couve-de-bruxelas?); sua *pièce de résistance* era o almoço de domingo (servido nesse dia em lugar do jantar), que consistia em baldes de sopa de cevada, rosbife malpassado cortado tão fino que era virtualmente translúcido... e couves-de-bruxelas. O estilo era familiar, mas com uma ordem bem estabelecida para servir-se: os estudantes veteranos sentavam-se à cabeceira da mesa e os mais novos, ao longo das laterais. Sempre havia o suficiente para comer, mas a escocesa (qual era mesmo seu nome?) era uma fera com relação à pontualidade; se alguém se atrasasse três minutos, as portas estariam irrevogavelmente fechadas para aquela refeição.

Eu gastava quarenta dólares por mês pela pensão. E, como meu pai me fazia viver com um orçamento de noventa dólares mensais, sobrava bem pouco para gastar em luxos como jornais, cigarros e o que meu pai denominava «incidentais». Fumava um maço por dia na faculdade; o professor de patologia, dr. Lyman Duff, fumava três por dia e, mesmo assim, durante as aulas, atacava os cigarros dizendo serem a causa do câncer de pulmão. O pobre coitado morreu de câncer de pulmão pouco depois de minha formatura, em 1949. A minha não era uma vida exatamente cômoda, mas, se comparada com as dificuldades enfrentadas por meu pai, parecia bastante tolerável.

A memória humana é um instrumento bom e confiável. Lembro-me de minhas aulas naquele primeiro ano com uma clareza cristalina. Anatomia era ministrada por um estudioso irlandês, o dr. John Martin, que usava uma faixa preta na cabeça o tempo todo: explicaram-me que a porção posterior dessa faixa (que era fusiforme) escondia um buraco de bala em seu crânio que ele nunca se preocupara em retificar; possuía a fama de ter sido um fanático da Sinn Fein em sua juventude e havia sido baleado na cabeça pelos Black and Tans[1] que ocuparam a Irlanda na época dos «problemas». Não obstante, era um excelente professor: animado, brincalhão, sábio e inspirador. Hebbel Hoff foi meu professor de fisiologia: sardônico, afetado e não pouco cruel. Seu cabelo loiro ondulado emoldurava um rosto rechonchudo de menino, mas escondia um ego impiedoso e insaciável; aprendi relativamente pouco desse homem. Meus colegas detestavam-no tanto quanto eu.

A estrela de maior brilho na faculdade durante aquele primeiro ano era o dr. David Thompson, um sujeito magro que apresentava rosto de um general inglês, com bigode e tudo, e os modos de um perfeito cavalheiro. Ensinava-nos bioquímica de maneira tão ordenada, refinada e elegante que até hoje sou capaz de recordar muitas de suas aulas. Eu nunca havia gostado de química em Cornell, mas Thompson dava-lhe vida. Sempre tinha tempo para perguntas após a aula, e mesmo as mais ridículas eram tratadas com respeitosa gravidade. Ele talvez fosse o membro mais admirado da Faculdade de Medicina de McGill, e com justiça.

Um professor, entretanto, teve sobre mim uma influência maior do que qualquer outro, bem maior do que eu compreendia então. Tratava-se de um homem chamado Karl Stern, um psiquiatra profundamente erudito que era, na constelação de professores de McGill, uma estrela à parte. Nascera na virada do século XX numa pequena cidade da Baviera próxima à fronteira com a Boêmia, no

---

(1) Força policial temporária recrutada para reprimir rebeliões durante a guerra de independência da Irlanda. (N. do T.)

seio de uma família judia que parece ter sido de orientação conservadora: nem estritamente ortodoxa, nem liberal e reformista (há uma velha piada que diz que os judeus reformistas são tão liberais que suas sinagogas ficam fechadas nos feriados judeus). Stern foi educado na Alemanha, onde obteve o diploma em medicina. Durante a faculdade, abraçou o judaísmo ortodoxo por um breve período. Observava escrupulosamente as leis alimentares, estudava hebraico e até mesmo vestia os *t'fillen* durante a oração da manhã. *T'fillen*, ou filactérios, são pequenas caixas de couro que contêm fitas de pergaminho nas quais estão impressas passagens do Êxodo e do Deuteronômio. São usadas pelos judeus ortodoxos na cabeça e no braço esquerdo todos os dias, exceto no Sabbath e nas grandes festas, para lembrá-los do dever sagrado da oração tal qual estabelecido no Mixná Torá. Há uma história que circula entre os judeus ortodoxos (em parte, um legado de meu pai para mim) que conta o seguinte:

> Um paciente gentio no hospital recebe como colega de quarto um judeu ortodoxo que tem uma doença qualquer. Na primeira manhã que passam juntos, o judeu começa silenciosamente a enrolar o *t'fillen* em volta de seu braço esquerdo. O gentio observa o procedimento, revira os olhos e solta: «Esses judeus! Tão espertos! Apenas algumas horas no hospital e ele já está medindo a própria pressão!».

O retorno de Stern para a fortaleza da religião não era um acidente. Embora não conseguisse encontrar o consolo que procurava de forma tão intensa nos tortuosos e frequentemente enigmáticos labirintos da fé judaica, no futuro ele iria procurar – e encontrar – aquele pilar de fogo em outra era, a meio mundo de distância.

Meu primeiro encontro com Stern foi em 1948, durante meu quarto ano do curso de medicina. Ele era então o segundo na hierarquia do Allen Memorial Institute, o hospital-escola psiquiátrico de McGill. Estava abaixo apenas do doutor D. Ewen Cameron, um psiquiatra afável, mas um bocado vaidoso, que usara sua fama como um dos membros do comitê psiquiátrico dos julgamentos de Nuremberg para tornar-se professor titular de psiquiatria em McGill depois da Segunda Guerra Mundial. Todos os alunos sabiam, entretanto, que, embora Cameron fosse competente e afável, Stern era o personagem dominante no departamento: um grande professor; um orador cativante e até mesmo eloquente, numa língua que não era a sua; e um brilhante rebelde, que soltava ideias originais e ousadas com a mesma regularidade do Velho Fiel[2]. Desenvolvi um caso épico de veneração por Stern, como se fosse ele um herói. Estudei psiquiatria com a diligência de um estudioso da Bíblia e, como consequência, recebi o prêmio de psiquiatria no final de meu quarto ano. Stern chegou a sugerir-me que uma candidatura minha para a cobiçada residência de psiquiatria no Allen Memorial não seria malvista – isto é, «apenas nos indique que está interessado, seu idiota, e arranjaremos um lugar especial para você em nosso programa». Infelizmente, declinei da oferta, resolvendo, em vez disso, entrar em programas de residência focados em obstetrícia e ginecologia.

O leitor pode perguntar-se por que falei tanto sobre Stern. Havia nele algo de indefinivelmente sereno e seguro. Eu não sabia então que, em 1943 – após anos de contemplação, leituras e análises –, ele se convertera ao catoli-

---

(2) Famoso gêiser do Parque Nacional de Yellowstone, em Wyoming, nos Estados Unidos. (N. do T.)

cismo. Foi apenas em 1951 que publicou seu livro *O pilar de fogo*, talvez o documento mais eloquente e persuasivo sobre a experiência e a dinâmica da conversão religiosa escrito no período moderno. Esse foi o livro escolhido pelo Clube do Livro Católico e pelo Clube do Livro Thomas More naquele ano. Na obra, ele fazia o que talvez apenas uns poucos (Maimônides, Mendelssohn, Spinoza) haviam feito: reconciliar a verdade religiosa com a ciência empírica aristotélica.

Na última parte do livro, que intitulou «Carta ao meu irmão», ele explica a seu irmão, um judeu praticante que sobrevivera ao Holocausto, por que havia se convertido ao catolicismo e como ciência e religião coexistem:

> A Igreja é imutável em seu ensinamento. Há apenas uma verdade sobrenatural, da mesma forma como há apenas uma verdade científica. Esta, que exercida sobre a matéria constitui a lei do progresso, nas coisas do espírito é a lei da conservação. Lembro-me de quando lhe mostrei a encíclica papal sobre os nazistas. Você ficou bastante impressionado e disse: «Isto parece ter sido escrito no primeiro século». É exatamente o que quero dizer!

Neste extraordinário documento, o autor levanta a pergunta que me perseguiu durante tantos anos. Formula-a para seu irmão da seguinte maneira: «Agora você talvez diga: "Como é que você, uma pessoa educada...?"; ou "Como é que você, um homem com formação científica...?"; ou, ainda, "Como é que você, com tanto conhecimento de psicanálise...?". Parece haver um grande número de perguntas assim. Com toda a sinceridade, não entendo por que essas perguntas sequer são feitas».

Ele prossegue, respondendo a essas difíceis questões de

uma maneira tão simples como uma criança, tão sofisticada como um psiquiatra de renome mundial e tão humilde como o mais fiel servo de Deus. Todavia, a resposta que me cativou foi aquela que eu estivera procurando, aquela que responde à questão do «Como você, sendo cientista...». Diz:

> Há certo tempo, li numa história alemã da filosofia que a morte prematura de Pascal fora provocada pelas torturas interiores que ele sofrera em decorrência do conflito entre ciência e religião. É bem possível que Pascal sofresse com conflitos interiores, mas não há nenhuma indicação de que este fosse um deles. Presumo que DeBroglie seja cristão e que Max Planck fosse cristão. Pascal e Newton eram cristãos. É possível que fossem cristãos *além* de serem cientistas ou *porque* eram cientistas, mas por que deveriam ser cristãos *apesar* de serem cientistas?

Stern e eu, durante meu último ano na McGill, forjamos um relacionamento professor-aluno forte, diria que até mesmo irresistível. Eu recebia todas as palavras que saíam de sua boca não apenas por seu conteúdo científico, mas por causa da serenidade e certeza com que falava. Não se tratava da arrogância acadêmica de outros professores, mas do cálido conforto da sabedoria eternamente jovem com a qual ele se exprimia. Lembre-se: estávamos em 1949; eu não tinha absolutamente nenhum conhecimento sobre sua conversão, e nunca havíamos discutido religião. Foi para mim um choque tomar nas mãos um velho volume de seu livro em 1974, quando me debatia na onda da minha hegemonia na clínica de abortos e nas dúvidas que estavam começando a corroer os pilares de minhas certezas, e descobrir que, mesmo que tivesse conversado com ele sobre tantas coisas, ele possuía um segredo que eu estivera procurando por toda a minha vida – o segredo da paz de Cristo.

Karl Stern e eu nos encontramos duas vezes, com 25 anos de intervalo; o segundo encontro impulsionou minha busca pela verdade espiritual. Apenas a mão de Deus poderia ter concebido uma experiência tão convincente como essa.

Capítulo 4
A história de Ruth

A Universidade McGill foi fundada por um escocês de nome James McGill e apoiava-se fortemente nas teorias e práticas pedagógicas britânicas – na virtude, e até mesmo numa forte tradição de abnegação, do professor; na obediência absoluta da parte do aluno; numa confiança desproporcionalmente maior na memória bruta do que no diálogo argumentativo com o estudante; e numa certa distância (que assumia o aspecto de uma altivez imperial) da parte do mestre. Na faculdade de medicina, estas práticas em geral prevaleciam, embora de modo menos rígido do que na época de meu pai.

De todo modo, esse relacionamento entre aluno e professor foi menos essencial à minha história do que aquele entre médico e paciente. A tradição hipocrática – com sua ênfase na reverência aos mestres, a implícita exclusividade da consciência de classe dos médicos, e mesmo uma espécie de segredo com relação à arte da cura – encorajava o ideal de dominação do paciente pelo médico virtuoso e paternalista. O paciente tinha pouco ou nada a dizer a respeito do tratamento. Questionar o médico sobre esses assuntos chegava a ser considerado heresia. Essa história de buscar uma segunda opinião, de consentimento informado e dos deveres morais e éticos seria inconcebível em Montreal naqueles anos.

Esta tradição paternalista, no entanto, partia do princípio de que o médico tinha não apenas um alto grau de virtude pessoal, mas também compromisso com um código de ética reconhecido. O juramento de Hipócrates afirma: «Mesmo instado, não darei droga mortífera nem a aconselharei; também não darei pessário abortivo às mulheres [instrumento inserido na vagina, erroneamente considerado como indutor do aborto]».

O juramento é inequívoco quanto a isso. Para reforçar essas limitações, tivemos várias aulas de ginecologia e obstetrícia em meu terceiro ano da faculdade, nas quais foram-nos inculcados os perigos (legais e clínicos) do aborto induzido – embora houvesse ao menos três aborteiros com prósperas clínicas operando em Montreal naquela época, protegendo-se da polícia um tanto quanto corrupta por meio de modestos subornos.

Lembro-me de uma ocasião em que vi uma mulher, sangrando profusamente e com uma dor lancinante, ser trazida à enfermaria de ginecologia do Royal Victoria Hospital (o prestigioso hospital-escola da Faculdade de Medicina da Universidade McGill). Estava deitada numa maca transportada por um técnico de enfermagem e rodeada por dois policiais e um médico residente; eu (o estudante) seguia-os. Uma vez que a transferiram para o leito, os agentes da lei assumiram o comando, afastando os médicos com os cotovelos e interrogando-a sobre a perda de sua gravidez, obviamente convencidos de que ela havia induzido ilegalmente um aborto. O interrogatório prosseguiu por quinze minutos, durante os quais permaneci como que paralisado (estava então em meu terceiro ano). Como era possível que assuntos de polícia tivessem precedência sobre o cuidado daquela pobre alma dolente? O semblante sério e vingativo dos dois policiais – era como se tivessem sido pessoalmente agredidos – permaneceu de forma vívida em minha memória por todos esses anos. Não foi senão após terminarem seu inquérito que o médico teve permissão de atender a paciente. Ironicamente, Montreal é hoje um centro do aborto no Canadá, graças ao notório Henry Morgenthaler, cujas clínicas de aborto espalham-se pelo território canadense como se fossem uma franquia de lanchonetes.

Com relação à proibição de ministrar «droga mortífera» (eutanásia), lembro-me bem das piscadelas e acenos de cumplicidade dos residentes de pediatria quando estávamos passando visita na enfermaria durante meu quarto ano e perguntamos sobre uma criança com síndrome de Down que havia sido internada na véspera e que, no dia seguinte, já não estava mais lá. Eis a medicina não hipocrática, e sim hipócrita, exercida segundo os caprichos do todo-poderoso médico.

O juramento original foi escrito 2500 anos atrás. A segunda parte, que trata de medicamentos mortais e do aborto, parece refletir mais as ideias da seita pitagórica do que a atitude geral do antigo médico grego, embora Galeno – o mais ilustre descendente de Hipócrates na medicina antiga – supostamente atuasse de acordo com todas elas. É provável que a notável longevidade do juramento se deva à sua compatibilidade com o cristianismo. Diz-se que há uma versão cristã do juramento de Hipócrates, escrita no século X ou XI, intitulada «Juramento extraído daquele que se atribui a Hipócrates, na medida em que um cristão pode jurá-lo».

Ergui minha mão e fiz o juramento de Hipócrates numa enevoada manhã de junho de 1949, assim como o fizera meu pai trinta anos antes naquele mesmo gramado do inefavelmente belo pátio da McGill. A Associação Médica Mundial, num encontro realizado em Genebra no ano de 1948, pouco depois da revelação dos experimentos médicos nazistas, revisou ligeiramente o juramento a fim de incluir a frase: «Guardarei respeito absoluto pela Vida Humana desde o seu início». Em 1964, tomando o texto da Declaração de Helsinque, ela reformulou o trecho da seguinte forma: «A saúde do meu Doente será a minha primeira preocupação».

Paradoxalmente, foi nesse mesmo ano que o dr. Louis Lasagna, então professor de clínica médica, farmacologia e terapêutica experimental na Faculdade de Medicina da Universidade Johns Hopkins, reduziu o juramento clássico, eliminando a referência ao aborto. A versão de Lasagna, habitualmente usada hoje, também eliminou as restrições contra a eutanásia (falaremos mais sobre isso depois) e contra as relações sexuais com pacientes, as obrigações específicas para com aqueles que o tinham ensinado (não somente os professores, mas também os pacientes que havia atendido quando aprendera medicina na faculdade) e o cristalino senso de obrigação de fazer o bem e evitar fazer o mal àqueles sob seus cuidados.

Quanto ao «respeito absoluto pela Vida Humana» eis o que diz a versão de Lasagna: "Em especial, trilharei com cuidado os caminhos da vida e da morte. Se me for dado salvar uma vida, tanto melhor. Mas pode ser que esteja também em meu poder *tirar uma vida* [grifo nosso]: esta tremenda responsabilidade deve ser encarada com grande humildade e consciência de minha própria fragilidade. Acima de tudo, não devo brincar de Deus».

Vamos então continuar o trabalho do finado doutor Lasagna e atualizá-lo, como estou certo de que ele aprovaria. Temos agora uma versão corporativa do juramento de Hipócrates, composta por David L. Schiedmayer na Faculdade de Medicina de Wisconsin:

> Juro pela Humana [empresa americana de seguros de saúde], pela Companhia Americana de Insumos Hospitalares, pelas organizações privilegiadas de provimento de cuidados à saúde e por todos os sistemas pré-pagos e consórcios, tomando-os todos como minhas testemunhas, cumprir segundo minha habilidade e minha razão este juramento:
>
> Ter por aquele que me ensinou este ofício a mesma consideração que ao presidente de minha empresa e viver em parceria com ele; se tiver necessidade de capital, dar-lhe um pouco do meu; e considerar seus filhos como meus colegas e ensinar-lhes este ofício, por uma taxa...
>
> Jamais ministrarei medicamento mortífero a ninguém se me pedirem, nem farei insinuações a respeito. Da mesma forma, enquanto for residente, não realizarei abortos. Por temor do erro médico, guardarei minha vida e minha profissão.
>
> Não usarei a talha a menos que seja cirurgião, mas tentarei aprender alguma forma de endoscopia.
>
> Em quaisquer clínicas em que entrar, fá-lo-ei pelo bem dos doentes, mantendo-me distante de todos, exceto no caso dos planos remunerados para os menos privilegiados, sobretudo se não estiverem cobertos pelo contrato coletivo.
>
> Aquilo que vir ou ouvir ao longo do tratamento, ou mesmo fora dele, com relação à vida de seres humanos – coisas que ninguém deveria divulgar –, relatarei a comitês governamentais ou a administradores, ou usá--lo-ei em meu livro.

Caso cumpra este juramento, que me seja concedido gozar a vida e a profissão, bem como aposentar-me aos cinquenta anos num lugar ensolarado; se vier a transgredi-lo e jurar em falso, que meu destino seja Milwaukee.

De todos os juramentos, encantamentos, compromissos, declarações e outras formas de votos, nenhum se aproxima, em minha opinião, da majestosa e comovente humildade da Oração Matutina do Médico, composta pelo rabino Moses ben Maimon (Maimônides). Rambam, como é chamado pelos estudiosos judeus, foi um médico hábil e consciencioso – tão hábil que acabou por ser indicado para a corte de Saladino, o califa de Cairo, como seu médico pessoal. Rambam é mais enaltecido por sua obra talmúdica, sobretudo pela segunda codificação sistemática do Talmude; no entanto, sua carta «Sobre o cuidado da saúde», escrita para o filho do califa na virada do século XIII, permanece até hoje como uma obra-prima, repleta de conselhos sensatos e temperantes com relação às obrigações de cada um para com o próprio corpo. Eis parte de uma das muitas versões da Oração Matutina:

Ó, Deus, que minha mente esteja sempre clara e iluminada.
Que, ao lado da cama do paciente, nenhum pensamento estranho a distraia.
Que tudo o que a experiência e o estudo lhe tiverem ensinado esteja nela presente e não estorve a tranquilidade de seu trabalho.
Pois grandes e nobres são os pensamentos científicos que servem ao propósito de preservar a saúde e as vidas de vossas criaturas.
Afastai de mim a ilusão de que sou capaz de conse-

guir todas as coisas. Dai-me força, vontade e oportunidade para ampliar cada vez mais meu conhecimento. Hoje posso, com meu conhecimento, compreender coisas com que ontem não teria sonhado, pois grande é a Arte, mas a mente humana persiste incansavelmente.
No paciente, que sempre veja apenas o homem.
Vós, o Deus de generosidade infinita, escolheste-me para cuidar da vida e da morte de vossas criaturas. Preparo-me agora para minha vocação. Permanecei junto a mim nesta grande tarefa de modo que ela prospere, pois sem vossa ajuda o homem não pode prosperar nem mesmo nas menores coisas.

Não me envergonharia prestar *esse* juramento naquela enevoada manhã de junho de 1949.

Lembro-me com profunda tristeza de que, nos anos 1980, meu pai foi convidado pela turma de formandos da Faculdade de Medicina da Universidade de Cornell – onde ele havia lecionado ginecologia e obstetrícia por sessenta anos – para administrar o juramento no palco do Carnegie Hall. Tratava-se da versão «higienizada», é claro, mas meu pai estava então perto dos noventa anos de idade e provavelmente não compreendia a diferença. Eu, porém, compreendia. E, de pé no fundo do auditório, estremeci um pouco por ele e pela forma como o haviam – de forma inconsciente – depreciado, pois meu pai acreditava firmemente nos princípios do juramento antigo.

Tornou-se moda, nos círculos dos bem-pensantes da bioética, denegrir o juramento, apontar com desprezo para suas deficiências – por exemplo, a omissão de qualquer referência ao consentimento informado do paciente. Mesmo assim, num mundo tão selvagem e primitivo como era a ilha de Cós no ano 450 a.C., esta expressão de compaixão, de respeito pelos próprios mestres e pela vida foi e permanece sendo um monumento à beleza da alma do homem e à dignidade da pessoa humana. Monumentos assim não deveriam ser levianamente abandonados.

Ruth era uma jovem cativante, inocente e extremamente inteligente que conheci num baile da McGill no outono de 1945, em meu primeiro ano em Montreal. Ela tinha dezessete anos e eu, dezenove. Apaixonamo-nos. Ela se parecia fisicamente com a jovem Leslie Caron; e, embora eu não fosse nenhum Gene Kelly ou Mel Ferrer, realmente gostei de dançar com ela (em geral, fujo da pista de dança). Começamos a namorar: cinema, restaurantes, patinação no gelo, esqui, amassos (ainda se usa essa palavra?)... Em pouco tempo, estava dormindo na casa dela nos fins de semana. Seus pais – imigrantes russos que haviam chegado ao Canadá nos anos 1930 – e seu irmão haviam gostado de mim mesmo após eu ter cometido uma gafe inesquecível: certa noite, quando estávamos todos sentados em sua sala de estar conversando tranquilamente, abri a carteira para pegar uma foto e o onipresente preservativo caiu. E não apenas caiu, mas rolou perversamente pelo chão, vindo a descansar – como a bola numa roleta – bem entre os pés do pai dela. Murmurei alguma coisa sobre tratar-se de um protetor de dedo – uma capa de borracha com que o obstetra cobre o dedo para poder examinar o reto de uma mulher em trabalho de parto – e enfiei-o sem cerimônia em meu bolso. Minha explicação decerto não era nada convincente, pois à época eu era apenas um primeiranista e nunca havia atendido uma mulher grávida.

Apesar de minha indesculpável falta de jeito, e apesar de nossos fins de semana esquiando nos Montes Laurentides (os pais dela deviam saber que estávamos dormindo juntos), a família e eu permanecemos próximos. Durante meu terceiro ano, morei com seu irmão e sua cunhada. Estávamos passando cada vez mais tempo juntos e falando seriamente sobre casamento. Então, ela engravidou.

Quando não menstruou pelo terceiro mês seguido, parei relutantemente de fazer diagnósticos esotéricos sobre as causas e telefonei para meu pai em Nova York; ele instruiu-me a enviar-lhe uma amostra da primeira urina da manhã para que a testasse no laboratório de seu hospital. Telefonou-me dois dias depois e disse-me com considerável pesar que o teste dera positivo.

Quando olho para os cinquenta anos que se passaram, espanto-me ao perceber quão ingênuo eu era. Havia presumido que – assim como com todos os outros assuntos de importância – meu pai cuidaria de tudo. Muito pelo contrário. Escreveu-me uma carta na qual incluiu cinco notas de cem dólares canadenses e na qual aconselhava-me a: a) encontrar um aborteiro na Montreal católica para fazer um aborto; ou b) viajar com Ruth para Plattsburgh, a fim de casar-me nos Estados Unidos.

Foi assim o primeiro de meus 75 mil encontros com o aborto. Não me sentia inclinado a casar; ainda tinha pela frente um ano e meio na faculdade de Medicina e mais cinco ou seis anos de residência. Meu pai, pela primeira vez em minha memória, havia me abandonado. Eu havia secretamente fomentado a ideia de que ele providenciaria um transporte para ela até Nova York e faria o aborto ele mesmo, inventando alguma indicação razoável. Não tinha noção, então, de que a única exceção na lei estadual de Nova York a proibir o aborto (datada de 1841) era em caso de ameaça à vida da mãe.

Pedi a vários de meus colegas de turma a indicação de um aborteiro, e por fim consegui uma. Dei a Ruth seu nome e telefone, e ela marcou o procedimento. Na noite anterior, dormimos abraçados um ao outro; ambos choramos – pelo bebê que estávamos prestes a perder e pelo amor que sabíamos que seria irreparavelmente comprometido pelo que estávamos por fazer. Para nós, as coisas nunca mais seriam iguais.

No dia seguinte, ela pegou um táxi até o consultório do médico. Insistiu para que eu não a acompanhasse, a fim de que não ficasse de nenhuma maneira ligado ao aborto, por medo de pôr em risco minha carreira médica incipiente. Protestei, mas ela foi irredutível: não queria que eu estivesse perto da cena do crime. Assim, combinamos de nos encontrarmos na escadaria da Biblioteca Redpath três horas depois. Fui às aulas naquele dia, mas ouvi pouco do que foi dito. Na hora marcada, sentei-me nos degraus da biblioteca. Estávamos num agradável fim de tarde primaveril, e era possível ouvir o som triste de um distópico fado português sendo tocado num violão do outro lado do pátio. Esperei ali por quatro longas horas, andando de um lado para o outro, soluçando, suplicando ao destino pela segurança dela.

Finalmente o táxi aproximou-se da escadaria. Ela estava trêmula, pálida. Tirei-a do carro. Havia uma poça de sangue no chão do veículo. Sem pensar, paguei ao motorista e depois sentei-a suavemente nos degraus da biblioteca, onde ela começou a chorar copiosamente; as lágrimas pareciam brotar como cachoeira de algum inesgotável reservatório interior, e seus soluços tinham a cadência e a infinita tristeza de uma misteriosa prece em uma língua estranha. Limpei-a o melhor que pude. Felizmente estava anoitecendo, e as manchas de sangue confundiam-se com a escuridão. Coloquei-a no carro que havia tomado emprestado e dirigi até a casa de seus pais, onde a pus na cama sem demora. Jurei cuidar dela dia e noite até que estivesse bem. Milagrosamente, recuperou-se de forma bastante rápida e teve condições de voltar às aulas dois dias depois.

Ela me contou que havia economizado 150 dólares pechinchando com o aborteiro, um velho frágil e encarquilhado que parecia ruim de memória e um pouco distraído. No meio do procedimento, o sangramento aumentara de forma alarmante, e ele parecia incapaz de tomar qualquer atitude definitiva. Assim, disse a ela que se levantasse, pegasse um táxi e fosse para casa; deveria passar o resto da gravidez em repouso; se necessário, deveria procurar o pronto-socorro do hospital da região para que o procedimento fosse concluído. Entretanto, de alguma forma desastrada ele conseguira completar a operação, e a natureza cuidou do resto.

Estou cerca de cinquenta anos mais velho agora, mas essa experiência conserva-se tão fresca e viva em minha mente quanto se fosse ontem. Embora ainda tenhamos permanecido juntos por um curto período, como dois cúmplices num crime inominável, por fim acabamos por nos distanciar. Estou certo – apesar de seu rosto corajoso, de sua lealdade e amor, bem como da avaliação pragmática que fazia de todo aquele triste episódio – de que em algum melancólico corredor de sua mente escondiam-se perguntas: por que ele não se casou comigo? Por que não podíamos ter aquele bebê? Por que deveria colocar em risco minha vida e meus futuros filhos por razões de conveniência e por causa de seus projetos acadêmicos? Será que Deus me punirá pelo que fiz, deixando-me estéril?

De minha parte, eu era um consequencialista consumado; as questões que enchiam minha mente tratavam quase exclusivamente de sua saúde futura e sua capacidade reprodutiva: será que ele lhe causara tamanho dano que ela não seria mais capaz de conceber ou sustentar uma gravidez? O que aconteceria com nosso relacionamento? Será que ela voltaria a dormir comigo da mesma forma amorosa, confiante e despreocupada que sempre havíamos demonstrado um para com o outro? Não me preocupava com Deus e seus caprichos incompreensíveis (ao menos para *mim*, naquele tempo e lugar). O judeu inflexivelmente ateu já se estava consolidando.

No final das contas, vimo-nos apenas mais uma vez depois que o ano letivo terminou; foi num velho e malconservado hotel na região central de Nova York, no sufocante verão de 1948. Fomos para a cama e fizemos sexo de forma silenciosa e negligente. Vesti-me, fui para casa e risquei mentalmente aquele relacionamento da minha lista – resolvendo recomeçar com alguém diferente no meu último ano em McGill (coisa que realmente fiz). Em 1954, quando voltava da Base Aérea de Pepperrell, em St. John's (era então capitão da Força Aérea), retardei de propósito meu retorno a Nova York para ir a Montreal; tinha uma curiosidade irresistível de saber o que acontecera a Ruth (haviam passado seis anos desde o aborto). No aeroporto, telefonei para sua casa, e sua mãe me informou que ela havia se casado e tido três lindos filhos. Fiquei pensando se ela algum dia contou a seu marido sobre o aborto, e torci para que não o tivesse feito. Mesmo depois de tanto tempo – mais de 51 anos –, tenho consciência de que eu poderia, a esta altura, ter netos com aquela bela e amorosa mulher.

Tirei disso alguma lição? Muitas, e todas tristes demais para serem recordadas aqui. Basta dizer que aquilo serviu como minha primeira incursão pelo mundo satânico do aborto. E também não foi minha última experiência *pessoal* com ele: em meados da década de 1960, engravidei uma mulher que me amava muito. Suplicou-me para manter a gravidez, para ter nosso filho. Eu havia acabado de concluir a residência em obstetrícia e ginecologia e estava começando a estabelecer uma formidável clientela nessa especialidade. Já tivera dois casamentos arruinados, ambos em boa parte destruídos por meu próprio narcisismo egoísta e minha incapacidade de amar (creio ter sido o Pe. Zossima que, em *Os irmãos Karamazov*, definiu o inferno como o sofrimento dos que são incapazes de amar; se isso é verdade, então cumpri minha sentença com sobras). Eu não via nenhuma saída prática da situação; disse-lhe que não me casaria com ela e que, naquele momento, não tinha condições de sustentar uma criança (um excelente exemplo da coerção que os homens exercem na tragédia do aborto); além disso, não apenas exigi que ela interrompesse a gestação como condição para manter nosso relacionamento, mas também a informei friamente de que, já que eu era um dos mais hábeis especialistas na área, eu mesmo faria o aborto. E o fiz.

Qual a sensação de tirar a vida de seu próprio filho? Foi algo asséptico e clínico. Ela foi anestesiada na sala cirúrgica de um grande hospital-escola. Desinfetei minhas mãos, paramentei-me e vesti as luvas; conversei alguns instantes com a instrumentadora e sentei-me num pequeno banco de metal diretamente em frente à mesa cirúrgica (depois de a ter examinado novamente para verificar a idade gestacional e o tamanho do útero). Então coloquei o espéculo de Auvard na vagina depois de limpar a região com solução antisséptica. Em seguida, pincei o colo do útero com dois tenáculos (ganchos), injetei uma solução de pitressina (um medicamento utilizado para firmar a parede uterina, de forma que pudesse medir melhor as dimensões do útero para evitar perfurá-lo), sondei o útero (uma sonda é um instrumento de aço comprido e fino, graduado em centímetros, usado para mostrar até onde os instrumentos podem ser introduzidos com segurança), e então dilatei a cérvice com os dilatadores de aço graduados. Quando a dilatação atingiu o diâmetro desejado, introduzi a cânula de aspiração no útero e, com um gesto de cabeça para a enfermeira, indiquei que queria que a sucção fosse ligada. Quando o mostrador chegou em 55 milímetros de pressão negativa, comecei a movimentar a cânula no interior no útero, observando os fragmentos de tecido passarem pelo tubo translúcido até chegarem ao filtro de gaze, onde seriam coletados, inspecionados e, a seguir, encaminhados ao laboratório de patologia para confirmar que o tecido gestacional havia sido – em nosso jargão eufemístico – evacuado.

O procedimento correu sem incidentes, e senti uma satisfação passageira por ter feito meu trabalho da forma eficiente que me era habitual; então saí do centro cirúrgico enquanto ela ainda estava começando a acordar da anestesia geral. Como parte integral do procedimento, um aborteiro precisa examinar o material no coletor de gaze para ter certeza de que *todo* o tecido gestacional foi evacuado – assegurando-se, assim, de que nenhum tecido tinha sido deixado para trás, o que provocaria sangramento ou infecção depois. Abri o coletor, como era meu costume, avaliei mentalmente a quantidade de tecido e satisfiz-me de que era proporcional à idade gestacional; nada havia sido esquecido. Então tirei a máscara, as luvas e o avental, peguei o prontuário do hospital e fiz a prescrição pós-cirúrgica e o resumo de alta. Fui até um gravador, ditei a cirurgia num disco a ser transcrito num relatório cirúrgico e fui para o vestiário mudar de roupa, enquanto trocava cumprimentos e fazia as brincadeiras habituais com os outros médicos, enfermeiros e funcionários no caminho.

Sim, vocês podem questionar: esse é o relato breve e conciso do que você *fez*, mas o que sentiu? Não se sentiu triste – não apenas por ter interrompido a vida de uma criança não nascida, mas por ser ela seu *próprio* filho? Juro-lhes que não tinha outros sentimentos senão a sensação de realização, o orgulho da competência. Ao inspecionar o conteúdo do coletor, sentia apenas a satisfação de saber que havia feito um trabalho completo. Vocês insistem: perguntam se nem sequer por um fugaz instante experimentei uma fagulha de arrependimento, um micrograma de remorso? Não mesmo. E esta, querido leitor, é a mentalidade do aborteiro: outro trabalho bem-feito, outra demonstração de neutralidade moral da avançada tecnologia que se encontra nas mãos dos amorais.

Não quero trazer o Holocausto mais uma vez para a discussão sobre o aborto (sempre me recusei firmemente a traçar o tentador paralelo entre os dois ao defender a causa pró-vida, uma vez que se trata de fenômenos distintos e diferentes), mas o que senti em minha alma pobre e desnutrida deve ter sido algo próximo ao que fora a grande satisfação de Adolf Eichmann ao ver seus trens levando judeus para os campos de extermínio e chegando exatamente na hora, a fim de manter a máquina de extermínio funcionando com a famosa eficiência alemã.

Fiz o aborto dos filhos de meus amigos, colegas, conhecidos e até mesmo professores. Nunca houve um momento sequer de dúvida; jamais vacilou a suprema confiança de que eu estava prestando um grande serviço aos que me procuravam. Minhas orientações pré-operatórias consistiam numa breve descrição do processo, em algumas instruções para antes e depois da operação (não use ducha; não tenha relações sexuais; não tome banho de banheira por duas semanas; comece a tomar seu anticoncepcional no quinto dia de seu próximo ciclo, que deve começar cerca de seis semanas após este aborto; venha me ver no consultório para uma avaliação duas semanas após o procedimento) e numa garantia rotineira de que o «procedimento» (os que o praticavam nunca o chamavam de aborto; usávamos o termo «interrupção da gestação» ou «procedimento») não teria efeito sobre a fertilidade futura ou sobre a saúde em geral. Falávamos com muita confiança acerca desses assuntos nos anos 1960 e 1970, mas agora se sabe que pode haver relação entre aborto e câncer de mama, que milhares de mulheres de fato tornaram-se estéreis em consequência de um aborto malfeito e que a taxa de mortalidade entre as mulheres que buscam o aborto após a décima terceira semana excede a mortalidade periparto. A arrogância dos que praticam a medicina sempre foi reconhecida como uma feia característica da profissão, mas a imensa empáfia do aborteiro foi e continua a ser impressionante.

Para cada dez mil Ruths, há um aborteiro: gélido; sem consciência; pervertendo sem remorsos suas habilidades médicas; profanando sua responsabilidade ética; e, com sua calma clínica, com seu reconfortante profissionalismo, ajudando – ou melhor, seduzindo – as mulheres a realizarem o que há de mais próximo ao autoextermínio. Não é coincidência que o passo seguinte na perversa mutação das artes médicas há de ocorrer naqueles lugares em que os médicos são pagos pelo Estado para auxiliar – sempre em nome da compaixão – o suicídio. Como o mundo seria diferente se algum desorientado «especialista» no cálculo do sofrimento tivesse subido à cruz e dado a Jesus uma dose de cicuta uma hora depois de sua crucificação...

CAPÍTULO 5
Um judeu negligente

Em meu ano de internato no Michael Reese Hospital, em Chicago, um hospital-escola filiado à Universidade Northwestern, fazíamos rodízios mensais de uma especialidade para a outra, num esforço para dar a cada um uma visão geral científica da profissão. O hospital era judeu, a qualidade da medicina que se exercia lá era excelente e o programa didático dos internos e residentes era exemplar. Por outro lado, a ética da instituição – ou a falta dela – rapidamente tornou-se conhecida até mesmo para o menos atento dos internos. A quantidade de cirurgias desnecessárias naquela imponente instituição era espantosa; o lucrativo negócio da divisão de honorários era escandaloso. Havia uma piada maldosa entre os membros do corpo clínico que dizia que era preciso bater com força na porta do banheiro masculino antes de entrar, a fim de alertar os médicos que estavam dividindo o dinheiro recebido dos pacientes.

Não acredito que esse vácuo ético ocorresse porque o hospital era judeu – conheço minha profissão bem demais para isso. Pelo contrário, o tom moral do lugar estava baixo, como é o caso de muitas instituições judaicas hoje; e, assim como na casa em que eu fora criado, isso ocorria por sua *falta* de judaísmo. Aquele hospital judeu, sustentado com fundos de organizações judaicas e de doadores individuais, não possuía um único espaço dedicado à oração, à meditação, a cerimônias ou à observância dos principais feriados religiosos do calendário judeu. Mesmo numa instituição episcopaliana como o St. Luke's Hospital, em Nova York, onde trabalhei por muitos anos, a entrada principal do hospital tinha uma régia escadaria de mármore que levava a uma capela simples e silenciosa, aberta dia e noite para pacientes, acompanhantes e até mesmo membros da equipe e outros funcionários. Em festas cristãs solenes, sempre havia cultos várias vezes ao dia. No hospital católico em que trabalhei, instalações religiosas semelhantes estavam disponíveis, e seu uso era encorajado pela administração do hospital. Por que será que o hospital judeu não tinha um espaço assim e não encorajava nenhuma atividade que dissesse respeito à alma?

Não havia fé nenhuma no Michael Reese Hospital, mas sempre, em seu lugar, encontrava-se o *yiddishkeit*, embora de uma espécie amarga: piadas judaicas voavam pelas salas de cirurgia e de parto, e os assistentes e membros do corpo clínico lançavam termos em ídiche uns aos outros com evidente deleite (eles mesmos eram ou imigrantes europeus que haviam fugido da perseguição nazista, ou filhos e filhas de imigrantes), até o ponto de incorporarem expressões assim nas suas orientações para as enfermeiras (que eram quase todas não judias, vindas do sul de Illinois e do estado vizinho, Indiana) e nos prontuários. Em suma, aquele hospital era para mim outro confortável e confuso casulo judeu; era como se o oeste de Manhattan se tivesse estendido até Chicago. Até mesmo as enfermeiras usavam o dialeto de um lado para o outro com a tranquila segurança de um *yeshivabucher*. Lembro-me claramente de uma enfermeira negra que me disse na sala de parto (durante meu primeiro estágio no Michael Reese) que uma das prescrições que eu tinha feito era *ganz meshugeneh* – isto é, completamente doida. No fim das contas, a gente sempre está à vontade no próprio passado.

Minha primeira esposa era judia, tinha nível superior e era tão emocionalmente pobre quanto eu. Seu pai fora um homem de riqueza não desprezível e sua mãe morrera quando ela tinha treze anos (e ela nunca se deu bem com sua madrasta). Seu irmão mais novo gostava da irmã daquele jeito desajeitado dos adolescentes (estava no final da adolescência quando ela e eu nos conhecemos). Decidimos nos casar depois de apenas dois meses de namoro.

Ela era um ano mais velha do que eu, formara-se em artes liberais numa respeitada universidade de Nova York e envolvera-se num desconfortável relacionamento com o advogado casado para o qual trabalhava. Um encontro às cegas foi arranjado para nós por um interno de meu grupo no New York Hospital (era meu segundo ano de internato, depois do Michael Reese). Gostamos imediatamente um do outro: era judia como eu, isto é, sua casa tinha um *yiddishkeit* idêntico à minha. E, assim como eu, era negligente e superficial.

Meu pai e o dela se deram bem desde o dia em que se conheceram. Descendiam da mesma linhagem germânica e do leste europeu. E, embora o pai dela tivesse nascido na Europa, a família imigrara para os Estados Unidos quando ainda era criança. Falava ídiche fluentemente, observava as festas judaicas com a mesma devoção de fachada que meu pai e sofrera o mesmo grau de pobreza em sua infância. Em suma, se o casamento tivesse sido arranjado, não poderia ter unido duas pessoas mais compatíveis.

O casamento teve lugar no estúdio do rabino Louis Newman, chefe da congregação Rodeph Sholem, numa abafada tarde de agosto. A sinagoga ficava no noroeste de Manhattan. Tratava-se de um edifício imponente, no qual eu nunca havia entrado, embora minha mãe e meu pai tivessem comprado lugares para festas judaicas importantes naquele templo.

O rabino Newman era um homem tímido e corpulento de cerca de cinquenta anos que alcançara uma modesta reputação como estudioso do judaísmo e era considerado um modelo de racionalismo aristotélico – um homem na medida ideal, que não era um *meshugeneh* (maluco) ortodoxo (nas palavras de meu pai). Seu estúdio refletia um ar de impressionante erudição, com móveis de couro assaz agradáveis, abajures, estantes de livros imponentes e uma mesa de trabalho descomunalmente espaçosa, que lembrava uma pista de pouso de aviões.

Lembro-me de que na manhã anterior à cerimônia, enquanto tomava banho no apartamento dela, fui acometido por sérias dúvidas. Não amava de verdade aquela mulher, embora gostasse dela e a respeitasse. Não tinha uma atração sexual intensa, embora fôssemos razoavelmente compatíveis nesse aspecto. Vínhamos de subculturas diferentes da comunidade judaica – ela do Brooklyn e eu, de Manhattan. Estava familiarizado com o mundo dos livros e das ideias, enquanto ela tinha muito pouco interesse nesses assuntos. Por outro lado, eu estava cansado de viver em quartos de hospital quentes, atravancados e abafados; farto de tentar sobreviver com a bolsa absurdamente baixa que era paga aos internos do hospital (37,5 dólares por mês, com comida, moradia e lavanderia inclusos); e aborrecido com os intermitentes relacionamentos que tivera com uma lista aparentemente interminável de companhias femininas. Ela possuía um atraente e espaçoso apartamento com ar-condicionado no nordeste de Manhattan e dinheiro suficiente para comprarmos um carro. Além disso, era uma mulher bonita, com um passado respeitável e bem-educada.

Submeti a mim mesmo a um verdadeiro interrogatório no chuveiro e cheguei à conclusão de que devia seguir em frente com a cerimônia; caso as coisas não dessem certo, sempre era possível conseguir um divórcio. Não havia um sentimento de compromisso profundo, e com certeza não um sentimento sacramental; tampouco havia o menor traço de reverência pelo momento ou pela natureza do ato. Eu era de fato filho do cinema: no fim dos anos 1940 e começo de 1950, o casamento era para Hollywood uma deliciosa brincadeira, uma experiência leve e superficial que marcava o fim de um caso exuberante e, com frequência, confuso. De modo ainda mais importante, meu pai dera sua relutante aprovação à união, não obstante seu ódio venenoso a tudo o que ligasse os homens às mulheres e não fosse puramente sexual e não contratual.

O rabino Newman conservou seu ar de solenidade epistêmica: murmurou uma série de orações hebraicas junto ao que me pareceram ser traduções mecânicas e calcificadas feitas para os intelectualmente impuros. Em seguida, começou a inchar gradualmente, até pelo menos o dobro de seu tamanho, à medida que se aproximava da parte da cerimônia em que, com grande pompa, nos declarou marido e mulher. Beijamo-nos em obediência, quebrei a taça (prudentemente embalada num grosso guardanapo) que rememora a queda de Jerusalém no ano 70... e a coisa estava feita.

O grupo de vinte convidados foi então para o salão Starlight Roof, no Hotel Waldorf Astoria, para jantar e dançar. Quando estudo a fotografia tirada naquela noite, fico impressionado pela ausência de alegria nos rostos dos que participaram, com a melancolia insinuando-se por trás dos sorrisos artificiais, como se todos tivessem acabado de testemunhar um auto de fé, e não dos mais especialmente satisfatórios. Deus, creio eu, era o convidado que faltava.

O cumprimento de meu plano de fuga pré-nupcial era questão de tempo. Em 1953, interrompi meu último ano de residência em ginecologia e obstetrícia no Woman's Hospital de Nova York para alistar-me na Força Aérea. Fui enviado para exercer ginecologia e obstetrícia em St. John's – com algumas pequenas excursões à Groenlândia, Islândia e Labrador. Minha esposa e eu tínhamos um acordo tácito de que não tentaríamos conceber um filho (ela juntou-se a mim em Terra Nova um mês depois de minha chegada lá), e o casamento logo reduziu-se a frases educadas e a relações sexuais rotineiras. De comum acordo e com extrema polidez, decidimos separar-nos depois que dei baixa do serviço militar. Voltei a morar no hospital e ela continuou a ocupar um pequeno apartamento em Yonkers. Quando os documentos foram preparados, voei até o México (a lei do divórcio ainda era rigorosa no Estado de Nova York), ergui minha mão na companhia de talvez quinze outros americanos, murmurei que «sim» em resposta a um interminável procedimento civil conduzido em espanhol e assinei um registro singularmente longo no espaço marcado com um X. Pronto: o casamento estava terminado. A separação foi tão anêmica, ritualista e sem significado quanto a união.

O casamento havia durado exatamente quatro anos e

meio. Separamo-nos educadamente. Depois ela se mudou para San Francisco, e nunca mais tive notícias dela.

Penso hoje que o casamento fracassou precisamente *porque* ela era judia da mesma forma que eu; tratava-se de uma mulher sem compromisso, espiritualmente hesitante, obcecada pelos bens materiais e desconfiada do modo de vida enganador de outro judeu moderno. Ela fora, afinal, criada num ambiente quase idêntico ao meu, e havia sido ensinada a não dar atenção aos pequenos e encantadores maneirismos, aos truques emocionais ardilosos e ao cinismo sedutor do judeu secularizado moderno. Para ser franco, ela estava de sobreaviso com relação a mim e a meus artifícios habituais, e rapidamente ficamos entediados um com o outro. O divórcio era inevitável; e, quando o assunto veio à baila, não causou surpresa nenhuma – tampouco consternação.

Como mencionei, meus anos de residência em ginecologia e obstetrícia foram feitos no então célebre Woman's Hospital, que infelizmente não existe mais. O hospital foi fundado em 1855 por um médico do sul, J. Marion Sims, e tornou-se o primeiro hospital especializado dedicado inteiramente ao tratamento de doenças de mulheres nos Estados Unidos. Quando cheguei lá em 1952, já tinha completado alguns cursos de pós-graduação nas áreas de cirurgia geral e urologia em grandes hospitais universitários: no Michael Reese, no New York Hospital e no centro de ensino da Faculdade de Medicina da Universidade de Cornell. Quando tive meu primeiro vislumbre do Woman's Hospital (ele havia sido reconstruído na região do Harlem, em Manhattan, no ano de 1900), fiquei um pouco assustado. Aquela enorme monstruosidade barroca, com seu telhado de cobre em mansarda, lembrava mais o laboratório do dr. Frankenstein do que um centro médico moderno e de alta tecnologia. Não obstante, a equipe de professores e o corpo clínico eram excelentes; os ambulatórios, espinha dorsal de qualquer grande instituição de ensino médico, eram enormes, uma vez que o hospital localizava-se numa área pobre; e a vivacidade da enfermagem era extraordinária. Muitas das enfermeiras estavam lá havia vinte anos ou mais e contribuíam de forma significativa para o ensino dos jovens médicos em treinamento. Meu pai estava no corpo clínico havia 25 anos quando cheguei e tinha uma posição de respeitabilidade considerável; era reconhecido como um dos luminares docentes da instituição, sobretudo por conta de sua vasta experiência em ensinar estudantes de Medicina na Cornell Medical School, onde passava a outra metade de sua jornada de trabalho.

Havia apenas uma nota dissonante naquela experiência de aprendizado aparentemente paradisíaca: boa parte dos médicos e residentes mostrava-se abertamente antissemita. Meu pai era um dos dois únicos judeus no corpo clínico, e eu seria o primeiro residente judeu nos cem anos de história da instituição. Fui informado, em meu primeiro dia de trabalho no Woman's Hospital, que o chefe dos residentes da obstetrícia havia feito circular a informação de que não trabalharia com judeu nenhum e que eu provavelmente deveria procurar residência em outro lugar. Meu informante era um residente mais velho, um católico italiano que experimentara preconceito semelhante quando começara sua estadia ali.

Eu havia encontrado uma intolerância menos maligna e frontal no New York Hospital. Ali, fora apenas o segundo judeu no programa de residência em cirurgia, mas minha forma bastante pálida de judaísmo, combinada com minha devoção ao trabalho, tornara o fato um tanto quanto irrelevante na época em que terminara o curso. No Woman's Hospital, por sua vez, o ar recendia a intolerância, e fiquei seriamente tentado a desistir da residência depois da primeira semana. Meu pai aconselhou-me a ser paciente, a fazer meu trabalho e a evitar quaisquer confrontos com a panelinha antissemita. Ao mesmo tempo, estava ocupado formando uma coalizão dos membros mais liberais do corpo clínico e dos residentes. Em seguida, interpelou o chefe dos residentes e o cirurgião-chefe do hospital e advertiu-os de que, se houvesse quaisquer incidentes desagradáveis que sugerissem comportamento antissemita, informaria imediatamente a Liga Antidifamação da B'nai B'rith[1], bem como os jornais, alguns repórteres de televisão e vários formadores de opinião. Meu pai era baixo, mas bravo; quando agitado, sacudia o dedo indicador diante do nariz de seu oponente enquanto berrava sua versão dos fatos. Não me iludirei acreditando que converteu aqueles fanáticos em discípulos de Gandhi; todavia, ao menos tiveram a decência de esconder a intolerância a partir daí, e assim pude fazer meu trabalho num clima razoavelmente neutro. Além disso, o chefe dos residentes terminou seu curso seis meses depois de minha chegada, quando então a pressão que senti acabou por desaparecer.

Fazendo um parêntese, acho divertido (e imensamente satisfatório) ver que o programa de residência do St. Luke's-Roosevelt Hospital Center (que absorveu o Woman's Hospital nos vinte anos seguintes) tem agora como presidente e professor titular um asiático, bem como mais da metade do corpo clínico formado por judeus; dois ter-

---

(1) Mais antiga associação judaica do mundo, proporciona auxílio e defesa para membros da comunidade judaica. (N. do T.)

ços, por mulheres; e pelo menos um terço, por negros ou hispânicos. E as mesmas proporções aplicam-se às turmas de residentes.

Eu já havia me deparado com o antissemitismo antes. Todavia, em minha ingenuidade juvenil, achara que aqueles que praticavam a medicina seriam civilizados, ou pelo menos sutis o bastante para permitirem-se regar a semente intelectualmente humilhante da intolerância.

Lembro que, aos quinze anos, meus pais planejaram passar na Nova Inglaterra as primeiras férias de meu pai depois de 23 anos exercendo a medicina. Ali, visitariam alguns *campi* universitários da região. Quando chegamos a Wolfboro, em New Hampshire, e fizemos o *check-in* no hotel da cidade – com planos de explorar a Universidade de Dartmouth no dia seguinte –, o recepcionista perguntou a meu pai se o nome «Nathanson» era escandinavo. Ele retorquiu que era tão escandinavo quanto o espaguete. Era judeu, ora, e ele não via por que isso fosse da conta do rapaz. O funcionário saiu da recepção para ser substituído pela gerente, que, educada, mas com firmeza, informou a meu pai que o hotel era «restrito» – um repugnante eufemismo para dizer que não se permitiam judeus. Para meu espanto e decepção, meu pai deu meia-volta, fez sinal para que o seguíssemos e saímos daquele hotel sem dizer palavra. No carro, indo em direção a acomodações mais hospitaleiras ao sul, na direção de Boston, ele espumava de raiva, jurando delatar o homem, escrever uma carta ao editor do *New York Times* e entrar com uma queixa na Liga Antidifamação da B'nai B'rith. Se cumpriu alguma ou todas aquelas ameaças, não sei até hoje, mas fiquei com a impressão quase inerradicável de que, fora de Nova York e sua grande comunidade de judeus ricos e influentes, éramos estrangeiros em nossa própria terra.

O antissemitismo *era* feroz nos meus tempos de criança, mas não o foi em minha infância propriamente dita. O incidente em New Hampshire ocorreu no final dos anos 1930, época especialmente difícil para os judeus americanos. O Pe. Charles Coughlin, a partir de sua paróquia em Detroit, disseminava uma mensagem singularmente venenosa e antissemita para 45 estações de rádio espalhadas pelo país, e estimava-se que ao menos quatro milhões de americanos ouviam-nas regularmente. Por estimativa, provavelmente 15 milhões de pessoas escutaram Coughlin ao menos uma vez; seu escritório estivera recebendo aproximadamente 80 mil cartas por semana (quase todas favoráveis), e ele mantinha uma equipe de 105 empregados apenas para lê-las e respondê-las. Seu periódico, intitulado *Social Justice*, tinha um público comparável e era permeado por um antissemitismo tão exagerado que envergonharia a publicação nazista *Volkische Beobachter*, de Julius Streicher.

Naqueles dias, o coronel Charles Lindbergh, talvez o cidadão mais admirado dos Estados Unidos (e certamente o mais popular), aceitou uma medalha de Adolf Hitler. Em 1941, num discurso proferido em Des Moines, Lindbergh atacou os judeus, acusando-os de colocar os Estados Unidos na Segunda Guerra Mundial com a conivência do governo Roosevelt. Lindbergh chegou a dizer: «O maior perigo [dos judeus] para este país está em seu grande domínio e influência em nossos filmes, nossos jornais, nossos rádios e nosso governo».

De modo geral, fiquei bem protegido dessa porcariada. Ouvia meu pai andando pela sala de estar enquanto condenava Coughlin em alta voz, valendo-se de palavras bastante duras; minha mãe balançava a cabeça com tristeza quando o nome de Lindbergh era mencionado. Eu, no entanto, estava isolado no bairro judeu (*não* se tratava de um gueto: não éramos prisioneiros), era educado numa escola predominantemente judia e, no verão, ia a acampamentos cujos donos e administradores eram judeus e que eram frequentados, mais uma vez, por uma população predominantemente judia. Por isso, o episódio naquele triste hotel em New Hampshire foi uma espécie de choque cultural, embora depois, com a exposição crescente ao mundo *goyische*, eu tenha tomado maior consciência da natureza endêmica do antissemitismo e ficado cada vez mais desdenhoso dos que o praticavam abertamente. Numa sociedade civilizada, a arrogância tem sua utilidade: nos Estados Unidos, é possível lidar com o antissemitismo listando os grandes estudiosos, músicos, cientistas, financistas e outras figuras importantes da comunidade judaico-americana.

Como jovem médico, meu sentimento de judaísmo – e isto não deve ser novidade nenhuma para qualquer um que estude a sociedade e a religião nos Estados Unidos – era fundamentalmente comunitário. Ignorávamos o fato de sermos judeus ao mesmo tempo que nos deleitávamos no espírito de *yiddishkeit*: suas tradições, seu dialeto, suas piadas internas e seu sentimento incoado de superioridade intelectual. Havia sempre aquela sensação de estarmos juntos como judeus. Para minha profunda vergonha, lembro-me de um episódio dos anos 1950 que ilustra perfeitamente esse espírito.

Durante o período de minha educação pré-médica na Universidade de Cornell, conheci um certo Mark Lazansky, estudante judeu que nascera no Brooklyn. Embora nunca tivéssemos sido próximos em Cornell, encontramo-nos de novo como internos no Michael Reese Hospital, e então tornamo-nos grandes amigos. Mark interessara-se brevemente por causas progressistas (a Segunda Guerra estava então chegando ao seu ápice, e a União Soviética era nossa suposta aliada) e participara de alguns encontros de grupos da extrema-esquerda – mas, que eu soubesse, nunca se juntou a nenhum deles nem demonstrou interesse em fazê-lo. Por acaso, a maioria desses grupos era organizada e liderada por estudantes judeus.

Depois que nosso ano de internato no Michael Reese terminou, Mark e eu mantivemos contato próximo (compartilhávamos também um enorme interesse pelas obras do grande humorista americano S. J. Perelman, e à menor provocação citávamos um ao outro grandes excertos de seus melhores textos). Fomos juntos a Washington no início de 1953 a fim de nos alistarmos na Força Aérea, com a esperança de que nos colocassem juntos em alguma instalação em ou ao redor de Nova York. *Meus* papéis de oficial ficaram rapidamente prontos e fui designado para treinamento básico na Base Aérea Gunter, no Alabama. O pedido de comissionamento de Mark como oficial ficou parado. Fui depois informado de que nunca lhe deram uma comissão, mas receberam-no como suboficial na Força Aérea, embora fosse naquela época um excelente ortopedista – especialidade de que a Força Aérea precisava com muito mais urgência do que um ginecologista e obstetra. Perdemos contato, mas eu acabaria por descobrir que ele havia sido designado para uma base em Arkansas e estava, na qualidade de suboficial, realizando a maior parte das complicadas cirurgias ortopédicas daquela base. Haviam-lhe negado a posição de oficial por causa de uma denúncia anônima de ligações com a esquerda e com a defesa de ideias comunistas em Cornell; eu *sabia* que nada podia estar mais longe da verdade.

Num esforço para limpar seu nome enquanto servia,

Mark contratou uma famosa firma de advogados em Nova York. Estávamos na era McCarthy, e o senador Joe McCarthy havia então entrado em conflito com as Forças Armadas em audiências notórias. Mark escreveu-me uma carta e pediu que eu comparecesse como testemunha de caráter perante um subcomitê de McCarthy (eu era na época capitão na Força Aérea e chefe do serviço de obstetrícia e ginecologia em minha área de comando). Meu primeiro impulso foi correr em sua defesa, mas pensei melhor e decidi consultar o advogado-chefe da base, Herbert Cohen. Cohen e eu tornáramo-nos amigos depois que fiz o parto de sua esposa, e não hesitei em pedir seu conselho. Discutimos o assunto; a opinião de Cohen como advogado era a de que, se eu aparecesse, tornar-me-ia imediatamente suspeito também e poderia perder minha própria patente; além disso, segundo ele os judeus nas Forças Armadas deviam manter um perfil discreto e com certeza *não* enfrentar ninguém tão poderoso (e indubitavelmente antissemita) como o senador.

Ponderei o conselho de Herb Cohen, pedi a opinião de outros amigos médicos judeus – todos os quais concordaram com ele – e, então (tremo de vergonha ao escrever estas palavras, cerca de quarenta anos depois), escrevi aos advogados de Mark dizendo que estava ocupado demais para envolver-me e que eles teriam de encontrar outra pessoa. Nunca mais tive notícias de Mark.

Bem, dirão vocês, a mentalidade *shtetl* deveria exigir que você se lançasse à defesa de seu companheiro judeu, que deixasse o rebanho para recolher o ferido e o desamparado. Temo, porém, que não: o instinto de autopreservação, a covardia moral, a antiga tradição de aglomerar-se nos porões da Rússia czarista enquanto os cossacos passavam com seu estalido de chicotes e o assovio das espadas, o apagamento extremamente cauteloso do judeu estrangeiro numa terra estranha (somos sempre estrangeiros, onde quer que estejamos)... Tudo isso conspirou para conduzir-me a um ato de monumental covardia. Não apenas perdi um grande amigo, como também cristalizei minha autoimagem de estrangeiro, do estranho intimidado, do judeu acovardado, de alguém sem raízes e sem causa. Provavelmente não é coincidência que meu casamento tenha começado a dar errado nesse ponto, que eu tenha passado a procurar a companhia de não judeus e que, pouco depois, tenha rompido relações com meu pai. Também não foi por acaso que logo me vi casado com uma não judia e na companhia de um homem que escondia tão bem seu judaísmo que durante anos nunca tive certeza se Larry Lader era judeu ou não (ele era – e é).

Capítulo 6
Pobres e grávidas

Durante aqueles anos no Woman's Hospital, comecei a perceber que meu pai não era o semideus infalível que eu achava que era. Como residente, trabalhava frequentemente com ele nos casos ou em cirurgias. Depois, como seu filho, juntei-me à sua clínica, ou melhor, mudei-me para seu consultório. Não apenas ele não me convidou para ser seu sócio, como lembro-me de que o acordo mais parecia uma forma degradante e empobrecedora de pagamento. Eu, porém, estava acostumado com sua tirania; o que me chocou foi, antes, sua vulnerabilidade. Quando eu era designado para auxiliá-lo em cirurgias ou em assuntos obstétricos particularmente difíceis, percebia que ele não tinha confiança em si mesmo: perguntava *constantemente* se o que estava fazendo era seguro, prudente ou inofensivo. Durante grandes cirurgias pélvicas, a necessidade de tranquilizar o cirurgião principal não era apenas uma distração, mas também uma perda de tempo, quiçá até algo um pouco desmoralizante. Se o cirurgião titular do caso estava inseguro de si, como não se sentiria o residente em treinamento?

Foi também nessa época que comecei a cultivar sentimentos de remorso por minha relação com minha mãe, e em consequência passei a comunicar-me com ela e a visitá-la com mais frequência do que antes. Essa atitude enfureceu meu pai, e a tal ponto que, quando terminei meu primeiro ano de prática, ele pediu-me para deixar seu consultório. Paramos de nos falar.

Todavia, o verdadeiro rompimento veio com meu segundo casamento. Rosemary não era judia, e ele só voltou a falar comigo por tempo suficiente para dizer-me que, se eu fosse adiante com o casamento, cortaria completamente relações comigo. Casei-me – e não apenas ele não voltou a falar comigo nos dez anos seguintes, como tornou-se também meu mais implacável inimigo. Quando, alguns anos depois, propuseram minha indicação como membro da New York Obstetrical Society (uma importante associação de membros de destaque da comunidade obstétrica), ele persuadiu vários de seus comparsas naquela sociedade (da qual ele mesmo era membro havia muitos anos) a rejeitar meu nome e a impedir minha nomeação. Meu deus havia-me abandonado, e aqueles foram de fato dias obscuros.

Terminei minha residência de ginecologia e obstetrícia em fevereiro de 1957. Juntei minhas coisas e mudei-me do hospital para um quarto pobre e apertado num decadente hotel próximo. Isso foi antes de me casar de novo. Vivia uma mistura de perplexidade, desânimo, melancolia e futilidade enquanto ponderava minhas sombrias perspectivas: meu pai e eu não estávamos nos falando; tinha grandes dívidas por causa do divórcio de minha primeira mulher, Carol; e estava sozinho e sofrendo de um caso terminal de «hospitalite» (depois de viver por tantos anos em hospitais, a gente se torna dependente dos serviços que eles oferecem e dos horários em que se acorda, trabalha, come e dorme). No final da primeira semana vivendo naquele sombrio e deprimente quarto de hotel, fui subitamente informado de que o chefe dos residentes de obstetrícia havia cometido suicídio. Como o hospital não tinha ninguém imediatamente disponível para substituí-lo, o administrador me perguntou se eu aceitaria voltar para o hospital e para o programa de residência a fim de completar os seis meses que faltavam a ele. Não foi preciso pedir duas vezes: mudei-me sem demora.

Foi no Woman's Hospital que tive minhas primeiras lições reais sobre o cuidado da saúde dos pobres. Embora os médicos assistentes internassem ali suas pacientes endinheiradas e nós, residentes, os auxiliássemos nas salas de cirurgia e de parto, os ambulatórios frequentados pelos pobres eram conduzidos em boa parte pela equipe de residentes. Nossa população compreendia os mais pobres entre os pobres. Embora tratássemos aquelas mulheres com um grau razoável de respeito (para a época), havia um bocado de condescendência patriarcal em nossas relações profissionais com elas: costumávamos chamá-las por seu primeiro nome e considerá-las primordialmente como material de estudo («Ei, Joe, venha ao meu consultório e dê uma olhada neste grande prolapso; marquei uma histerectomia transvaginal para ela na próxima semana»). Perguntas ou questionamentos por parte da paciente (em geral negra ou hispânica) a respeito das instruções oferecidas eram encaradas como rebelião. Lembro-me de situações em que a paciente que questionava a decisão do residente – sobretudo com relação à necessidade de cirurgia – recebia como resposta um convite não tão educado a procurar o ambulatório de outro hospital.

Em meus primeiros meses de residência, fiquei chocado com a enorme disparidade na taxa de abortamentos espontâneos entre as pacientes particulares (muito baixa) e as pacientes pobres de nosso ambulatório (alta). De início, atribuí-o a fatores econômicos: a uma má nutrição, ao atendimento pré-natal tardio ou ausente e à grande multiparidade (cinco ou mais filhos). Todavia, quanto mais pensava sobre o assunto, menos satisfeito ficava com as respostas que havia concebido. Por fim, um bondoso residente mais velho puxou-me de lado e explicou-me as verdades médicas da vida: pelo menos dois terços das mulheres da clínica que chegavam de ambulância ao nosso pronto-socorro no meio da noite, sangrando profusamente e com dor intensa, eram vítimas de abortos ilegais malfeitos, e *não* de abortamentos espontâneos. Alguém – um médico, uma enfermeira obstetriz, uma avó – havia iniciado o aborto com algum objeto – desde uma cureta padrão até uma agulha de tricô – e, então, encaminhado a paciente ao pronto-socorro mais próximo para tratamento. O mesmo residente veterano me deu a fórmula mágica para identificar o aborto ilegal: duas marcas pequenas, quase imperceptíveis, na região anterior (frente) da cérvice (colo do útero); tratava-se das marcas do tenáculo, um instrumento que prende a cérvice a fim de mantê-la parada enquanto outro instrumento é introduzido através dela para chegar ao útero e interromper a gravidez já implantada. De posse daquela informação, comecei a procurar as marcas do tenáculo naquelas pobres infelizes. É claro que o residente estava certo: ao menos dois terços delas *eram* vítimas de um aborto ilegal induzido.

O resto da história tem um matiz curiosamente anacrônico – escrevo hoje no 23º ano do aborto legal nos Estados Unidos; há ao menos duas gerações de mulheres que cresceram tendo o aborto legal como um fato, até mesmo como um direito. Nós, que exercemos a ginecologia, não vemos mais os resultados do aborto ilegal: as febres altas; os intestinos rompidos e obstruídos; os úteros despedaçados exigindo histerectomia imediata; as terríveis infecções que deixavam muitas mulheres estéreis, exaustas, com dor crônica, aterrorizadas pela ideia de outra gravidez caso permanecessem férteis... Nos anos 1940 e 1950 – antes do advento de ginecologistas mais bem formados, de antibióticos potentes, de uma contracepção eficaz, da melhora na tecnologia das transfusões de sangue e do surgimento do conceito de terapia intensiva –, nossas enfermarias ginecológicas estavam cheias daqueles corpos quebrados e mutilados.

Nós, ginecologistas, fazíamos o que podíamos... para nossas pacientes de classe média, bem de vida e que engravidavam sem querer. Encaminhei muitas de minhas pacientes para abortarem em Porto Rico, sob certo dr. «Juan Rodriguez» (não se trata de seu nome verdadeiro). Rodriguez havia sido treinado num grande hospital ginecológico dos Estados Unidos e depois retornara à sua terra para fundar uma clínica e – com a cooperação das autoridades locais, uma vez que o aborto era ilegal em Porto Rico – fazer alguns abortos por baixo do pano. O boca a boca funcionou, e sua clínica logo prosperou. Noventa por cento de suas pacientes de aborto vinham da costa leste dos Estados Unidos, e logo ele acumulou uma fortuna. Isso era uma desvantagem para os que lhe encaminhavam nossas pacientes: à medida que enriquecia, ele passava férias cada vez maiores e mais caras na Europa, e nós ficávamos sem saber o que fazer. Mesmo assim, ele continuou a funcionar como nosso último recurso, até que as leis mudaram nos Estados Unidos. Então, ironicamente, com o endurecimento das autoridades porto-riquenhas, que decerto não estavam recebendo «gorjetas» suficientes, comecei a receber mulheres grávidas encaminhadas por *ele* de Porto Rico para abortarem em Nova York.

O esquema com Rodriguez, instável por natureza, funcionava de forma satisfatória o suficiente para nossas mulheres mais ricas, não obstante eu tenha feito uma descoberta bastante chocante quando, em 1964, fazia escala em San Juan. Tinha algumas horas de espera pela frente e, em vez de ficar sentado sem fazer nada no aeroporto, decidi pegar um táxi e visitar o dr. Rodriguez. Já havia conversado com ele inúmeras vezes ao telefone sobre problemas de pacientes, mas nunca tínhamos nos encontrado. Cheguei ao seu consultório, uma espécie de fortaleza de estuque cinza, entrei confiantemente e apresentei-me a ele – não havia secretária, enfermeira ou qualquer outro funcionário auxiliar na ocasião. Fiquei um pouco surpreso com as dimensões modestas de suas instalações, dado o enorme número de pacientes que vinha recebendo regularmente do corredor Boston-Nova York-Washington. No entanto, seu inglês fluente, sua atitude confiante e a grande quantidade de diplomas atrás de sua mesa conseguiram reduzir minha ansiedade – até que vi sua «sala de operações». Tinha paredes cor de creme, duas grandes janelas abertas para a rua (um contínuo fluxo de amigos e conhecidos colocava a cabeça para dentro da janela e nos saudava) e uma antiga maca que parecia ter sido projetada por Andreas Vesalius, o conhecido anatomista de Pádua do século XVI. Ele mostrou orgulhosamente a maca e disse que era projetada de forma a permitir-lhe injetar pentotal sódico (um anestésico) na paciente na cabeceira e, então, posicioná-la rapidamente com os estribos, dilatar a cérvice e curetar o útero num segundo, quando corria de volta para a cabeceira a fim de acordar a paciente. Em suma, ele era ao mesmo tempo anestesista, enfermeiro e médico. Deve ter notado minha ansiedade depois que me explicou sua técnica, pois levou-me de volta ao consultório e me conduziu numa turnê por seus vários diplomas, licenças, premiações, filiações a sociedades, etc. Aquilo não acalmou meus nervos, já que, ao examinar melhor, notei que os papéis expostos de forma tão exuberante em sua parede não significavam *nada* do ponto de vista médico: todas as credenciais, sociedades e licenças que possuía podiam ser compradas. No entanto, ele era a única opção disponível; respirei fundo, dei de ombros mentalmente, apertei sua mão e recusei educadamente a oferta de um pequeno retorno financeiro por cada paciente que encaminhasse. Então, voltei para o aeroporto – mais sábio, porém mais inseguro do que antes.

Embora continuasse a encaminhar pacientes a Rodriguez (e também para aqueles médicos ainda menos distintos que o substituíam quando de suas frequentes férias), algumas rachaduras começaram a surgir no que até então parecia uma oposição monolítica ao aborto sob demanda. Em meados dos anos 1960, publicou-se o modelo do American Law Institute (ALI) sobre o aborto, autorizando-o em caso de gravidez incestuosa, estupro, deformidade fetal (sem especificar o quão grave) ou condições clínicas ligadas à gravidez que médicos sensatos atestassem ser um risco à vida *ou à saúde* da mãe. Em 1967, o estado do Colorado adotou essa lei – com a restrição de que se aplicava apenas a cidadãos do próprio estado. A Carolina do Norte logo adotou também o modelo ALI, e em seguida a Califórnia. A necessidade de residir no estado não tinha força na prática. Ainda assim, essas leis serviam quase exclusivamente para a classe média e desconsideravam as gestantes pobres de outros estados que não podiam pagar a migração para os estados com leis liberadas (e muito menos para o Japão, onde o aborto era legal desde 1948, sendo executado em grande escala).

Em 1968, a Grã-Bretanha entrou no jogo com um estatuto abortista permissivo. Comecei a encaminhar gestantes para lá, uma vez que os médicos britânicos não precisavam respeitar nenhum limite de idade gestacional para interromper uma gravidez. Eu mesmo fiz uma visita a Londres vinte anos atrás e assisti a um conhecido – um certo dr. David Sopher – dar fim a 32 gestações (todas com mais de dezoito semanas) entre as nove da manhã e as duas da tarde. Perto do meio-dia, pediu que a enfermeira levantasse sua máscara e lhe desse um copo de suco de laranja por um canudinho, enquanto conversava amenamente sobre onde se podiam encontrar os melhores camiseiros de Londres e discorria, como um especialista, sobre as virtudes da Rolls-Royce em comparação com a Bentley e a Mercedes-Benz. Fiquei bastante impressionado e não tive nenhuma hesitação em encaminhar gestantes para ele – se conseguissem pagar a viagem.

Este era o centro da questão: o que fazer com relação àquelas pobres mulheres que ainda eram levadas de ambulância a nossos prontos-socorros sangrando profusamente, em choque séptico, com insuficiência cardíaca, ou mesmo já mortas. Essas eram as mulheres que precisavam de nossa atenção: o aborto ilegal era, em 1967, a primeira causa de morte de gestantes.

E então conheci Larry Lader.

Capítulo 7
O político

William Ober era, por sua formação e prática, um ótimo, exímio patologista. Seu passatempo era estudar história, em particular a história da medicina. Tenho à minha frente um livro que escreveu em 1979 intitulado *O corrimento de Boswell: análise médica das doenças dos literatos*. Trata-se de uma obra elegante e espirituosa, fruto de uma pesquisa meticulosa sobre as doenças físicas e mentais de grandes nomes como Boswell, Swinburne, Keats, Cowper, Collins, Shadwell e Smart. Explora se Sócrates realmente morreu de uma dose de cicuta (ele conclui que sim) e esquadrinha as vidas de outros médicos escritores, como Tchekhov e William Carlos Williams (os dois se saem bastante bem). A seção sobre Boswell revela que o grande escocês sofreu dezenove episódios diferentes de gonorreia durante suas incorrigíveis relações com prostitutas. É de maravilhar-se com a energia do homem, que escreveu uma das maiores biografias de todos os tempos enquanto relacionava-se com meretrizes e jogava num ritmo que deixaria exausto um homem com a metade de sua idade e o dobro de seu tamanho.

Quando fui convidado para jantar na casa de Ober em 1967 (ele descobrira que compartilhávamos do interesse por Joyce), aceitei imediatamente, esperando uma noite bastante estimulante. Não tinha como saber que ela mudaria minha vida, lançando-me no redemoinho do assunto mais controverso de nossa época e levando-me, por fim, a reexaminar minha alma.

Durante o jantar, fui colocado ao lado de um homem de aspecto cadavérico e voz rouca. Apresentou-se como Lawrence Lader. Conversamos sobre as amenidades de sempre e, quando eu estava a ponto de virar-me para conversar com o convidado do meu outro lado (não consigo de jeito nenhum lembrar-me quem era), ele mencionou casualmente que havia acabado de publicar um livro sobre o aborto, uma obra em que analisava as principais leis que restringiam o aborto nos Estados Unidos, desmontava todos os argumentos em prol delas e exigia que fossem derrubadas como medidas medicamente insensatas e legalmente inconstitucionais. O que defendia era nada menos do que o livre acesso ao aborto para todas as mulheres que engravidaram contra a própria vontade, e a um preço tão baixo que estivesse ao alcance dos mais pobres.

Se havia uma coisa que despertava mais meu interesse do que Joyce, era o aborto. Começamos a conversar, e a conversa durou oito anos; nesse intervalo, todas as leis sobre o aborto nos Estados Unidos foram derrubadas, as linhas entre as pessoas favoráveis e contrárias ao aborto foram traçadas e a batalha começou. A lista de vítimas dessa guerra neste momento em que escrevo é tão grande que seriam necessárias seiscentas paredes como a do Memorial do Vietnã para colocar os nomes de todos os que pereceram.

Lader parecia uma fascinante mistura de paradoxos.

Era economicamente estável, tendo recebido como herança um considerável fundo de aplicações depois da morte de seu pai, muitos anos antes. No entanto, havia trabalhado para Vito Marcantonio, o único comunista de carteirinha que chegou a ser eleito para o Congresso Americano. Era um feminista ardoroso e grande admirador de Margaret Sanger, mas um tirano patriarcal em sua própria casa. Ele e sua esposa, Joan, uma alegre escocesa que abrira mão de uma carreira promissora na ópera por ele, viviam num esplêndido apartamento na região baixa da Quinta Avenida, em Greenwich Village; mas os móveis eram espantosamente ascéticos e de uma pobre elegância. Era judeu, mas, durante todos os anos de convivência, nunca falou sobre seu judaísmo. Também era um homem erudito com gostos extraordinariamente refinados, mas dotado de um pedantismo e preciosismo enlouquecedores quando tratava com seus amigos e aliados – e era obcecado pelo tema do aborto.

Em parte por morarmos perto um do outro, logo Larry e eu estávamos passando uma grande quantidade de tempo juntos. Ele era colunista de uma revista e carecia de horário de trabalho fixo, de forma que se adaptava gentilmente à minha agenda ocupada com o exercício da ginecologia, com as aulas na Cornell Medical School e com o que eu tinha de ler, escrever e ensinar sobre Joyce, e tudo isso enquanto tentava equilibrar a vida doméstica com essas várias obrigações e interesses. Nosso assunto era invariavelmente o aborto – se não de forma direta, ao menos indireta: a eleição do supostamente conservador Richard Nixon, em 1968, parecia-nos um retrocesso temporário, mas com certeza não nos sentimos desencorajados ou derrotados. Quando, no mesmo ano, Martin Luther King e Robert Kennedy foram assassinados, discutimos esses acontecimentos monumentais fundamentalmente sob a ótica de se eram bons ou maus para a revolução abortista que estávamos planejando então. Até mesmo a heroica temporada de trinta vitórias de Denny McLain (feito que nenhum arremessador da liga de beisebol tinha conseguido em 35 anos) tinha de ser analisado através do prisma do aborto (em nossa avaliação, a façanha de McLain era má na medida em que distraía o público de temas sérios, como a revolução sexual).

Em resumo, descobri, para minha surpresa, que havia sido sutilmente levado a planejar estratégias políticas com Lader. Em 1969, estávamos preparando a agenda para um encontro das principais figuras nacionais pró-aborto que aconteceria em Chicago. Deste encontro surgiria a base da Associação Nacional para a Revogação das Leis do Aborto (na sigla em inglês, a NARAL), que depois tornou-se a Liga do Movimento Nacional pelo Direito do Aborto e, hoje, se apresenta como a Liga do Movimento Nacional pelos Direitos Reprodutivos e Aborto. Estávamos enviando emissários a Betty Friedan e seu exército de feministas para que se juntassem a nós na revolução, construindo coalizões com a nação de Woodstock e esmagando os dinossauros de dentro do movimento que se contentavam com medidas diluídas, como a proposta de lei do ALI. Lader, eu e um punhado de outros, como Howard Moody, então pastor na Judson Memorial Church em Manhattan, éramos os radicais, os bolchevistas. Não nos conformaríamos com nada menos do que a revogação de todos os estatutos existentes sobre o aborto e a introdução do aborto sob demanda em seu lugar.

Nosso primeiro alvo foi a lei do estado de Nova York que proibia o aborto a menos que a gravidez ameaçasse a vida da gestante. A manipulação da mídia era crucial, mas fácil com ações de relações-públicas inteligentes, sobretudo o metralhar contínuo de notas de imprensa revelando resultados duvidosos de pesquisas que, no fundo, não passavam de profecias de coisas inevitáveis, proclamando que o povo americano já acreditava naquilo em que em breve iria acreditar: que todas as pessoas sensatas sabiam que as leis do aborto tinham de ser liberadas. No final dos anos 1960 e início dos 1970, as trincheiras da mídia estavam cheias de radicais jovens, cínicos, politicamente calejados e bem-educados, ansiosos por derrubar o *status quo*, turvar as águas e sacudir as grades da autoridade.

É claro, os tempos eram propícios. Acontecera algo de misterioso mas grandioso com a confluência histórica do assassinato de John F. Kennedy, a lenta e torturante descida para o atoleiro do Vietnã e a emancipação política da geração *baby boom* – talvez a geração mais mimada e politicamente ignorante (embora bem-educada) da história deste país. Esses elementos se juntaram numa mistura tão inflamável quanto nitroglicerina e tão instável quanto um quark. Um tsunami de antiautoritarismo varreu o país, carregando consigo a cultura das drogas, a revolução sexual, a perniciosa infiltração da pornografia, os crimes violentos e a desqualificação e desprezo pela religião. Certezas tão inquestionáveis como a própria Constituição americana balançaram.

Lader percebeu os ventos da mudança. Sabia, do alto da ruína dos anos 1960, enquanto contemplava os pilares de certezas que se quebravam e ruíam à sua volta, que seu tempo havia chegado, que era o momento histórico perfeito para atacar a Autoridade senescente e de olhos baços.

Ele notava também que a Autoridade precisava ter um rosto familiar, uma forma discernível, uma identidade clara e, de preferência, perniciosa; se possível, também, um passado vergonhosamente malévolo a ser apontado. Quem melhor do que a Igreja Católica Romana, pois? Ela fora gerada em sangue; havia exilado, torturado, despedaçado e assassinado milhões de hereges e seus seguidores. Naquele momento, a Igreja estava apoiando ativamente a Guerra do Vietnã, opondo-se à revolução sexual, denunciando a cultura das drogas e chafurdando os pés no Movimento dos Direitos Civis. Não era possível imaginar um espantalho melhor.

Começamos então a trabalhar, e foi como atirar em peixes dentro de um barril. Embora, no início, a Sociedade Terraplanista pudesse parecer uma ameaça maior à Igreja Católica Romana do que a NARAL, nós a atacávamos em todas as oportunidades. Nossa técnica favorita consistia em culpar a Igreja pela morte de toda mulher que fosse vítima de um aborto mal praticado. A cada ano, haveria talvez umas trezentas mortes por aborto criminoso nos Estados Unidos dos anos 1960, mas a NARAL, em suas publicações, afirmava haver dados que indicavam um número igual a cinco mil. Por sorte, o respeitado bioestatístico Christopher Tietze era nosso aliado. Embora nunca tenha se comprometido pessoalmente com uma cifra específica, ele nunca negou a autenticidade dessas afirmações.

A campanha de Lader em Nova York foi um exemplo de engenhosidade política e de luta social. Seguia a máxima de Maquiavel: «Não há nenhuma tarefa mais difícil de assumir, mais perigosa de conduzir ou mais incerta em seu sucesso do que tomar a liderança na introdução de uma nova ordem das coisas». Combinando essa advertência com a frase de Napoleão: «*L'audace, toujours l'audace*» («Audácia, sempre audácia»), ele liderou uma política ao estilo *blitzkrieg*, que no intervalo de dezoito meses demoliu um estatuto que estava nos livros havia mais de um século e era considerado intocável. Lader, com efeito, sabia que o governador do Estado de Nova York, Nelson Rockefeller, republicano encantado com as causas liberais, não vetaria um projeto de lei que derrubasse a proibição do aborto no estado, podendo inclusive fazer uma discreta pressão sobre aqueles parlamentares que estivessem receosos com o assunto.

Uma das maiores qualidades de Lader nessa velocíssima campanha refletia também o mais desconcertante paradoxo de sua personalidade. Embora se apresentasse como defensor dos pobres e indefesos, ele levava uma vida claramente abastada. Posava como defensor dos humildes, como um populista arquetípico, mas nutria um fino desdém pelo homem comum. Com frequência citava-me a passagem de Maquiavel que parecia ser a estrela que o orientava: «O povo lembra um animal selvagem que, naturalmente feroz e acostumado a viver na floresta, foi criado – por assim dizer – numa prisão e em regime de servidão; então, tendo por acidente recuperado sua liberdade, não estando acostumado a procurar sua comida e sem saber onde esconder-se, torna-se presa do primeiro que tentar prendê-lo de novo».

Foi, talvez, esse desprezo sem remorso e tão apegado pelos princípios igualitários que fez com que lhe fosse tão fácil compreender os Rockefeller e as outras pessoas importantes e poderosas com quem tinha de tratar. Também era o que o tornava tão mais atraente e aceitável aos príncipes deste mundo do que qualquer proletário genuíno, ou mesmo qualquer simpatizante genuíno do proletariado, poderia ter sido.

Quando o novo projeto de lei foi aprovado, em 1º de julho de 1970, vi-me assediado por deveres novos e cada vez mais exigentes. Agora que a NARAL indicara o caminho, éramos requisitados como consultores em estratégia política e táticas para líderes abortistas em muitos outros estados. Além disso, uma vez obtida a lei, tínhamos de nos certificar de que não fosse lançada em descrédito por aborteiros pouco mais preparados do que os clandestinos que iriam substituir. Em resumo, nosso maior medo era que aquela liberdade sem precedentes pudesse ser posta em xeque por um baixo índice de segurança. Por isso, organizei e coordenei um simpósio completo sobre técnicas de aborto em 1º de julho de 1970 no Centro Médico da Universidade de Nova York. Embora apenas oito médicos tenham comparecido, mais do que compensamos a pequena participação profissional com uma grande cobertura midiática.

Finalmente, como Nova York tornara-se a capital do aborto no leste dos Estados Unidos (a Califórnia, com uma lei semelhante, embora não tão permissiva quanto a nossa, estava drenando as pacientes da parte oeste), logo descobrimos que ele não podia ser realizado como um procedimento hospitalar formal. Havia casos demais. Se continuássemos a internar em leitos toda paciente que ia abortar, ou se fôssemos realizar todos os abortos num centro cirúrgico normal, cada hospital que estivesse disposto a autorizá-lo seria inundado com pacientes, e mesmo os grandes hospitais-escola rapidamente converter-se-iam em clínicas de abortos.

Era preciso pensar num procedimento ambulatorial que impedisse os hospitais de sucumbirem sob o peso de todas as pacientes que lotavam nossas salas de espera. No St. Luke's Women's Hospital, com a ajuda do dr. Harold Tovell, então diretor de obstetrícia e ginecologia, e Avril Lawrence, supervisora do centro cirúrgico, montamos um procedimento de três horas de duração que funcionava de forma eficiente e segura para nossas pacientes de primeiro trimestre. Mulheres em busca de abortos tardios (depois de treze ou catorze semanas) ainda precisavam ser internadas, dado que os procedimentos que usávamos eram mais complexos e perigosos.

Outro de meus deveres como presidente do Comitê Médico da NARAL (eu também era membro do Comitê Executivo) consistia em inspecionar as clínicas de aborto existentes na região e aprovar sua segurança e eficácia. Na época, era também o mais velho de uma equipe muito ocupada de três ginecologistas e obstetras que atendiam no St. Luke's Women's Hospital, bem como no Hospital for Joint Diseases (onde eu era chefe do serviço de ginecologia). Meus dias (e noites) estavam completamente tomados. Em nenhum momento – nem mesmo quando fui diretor do Centro para a Saúde Reprodutiva e Sexual, a maior clínica de abortos do Ocidente – abandonei (ou mesmo reduzi) minha atividade como obstetra. Em suma, estava ocupado demais cuidando das minhas coisas por toda a cidade de Nova York e dando pouca atenção a meu filho de quatro anos, Joseph. É esta última delinquência, esta perversão de prioridades, aquilo de que mais me arrependo agora, 25 anos depois. Disso e de uma ignorância aparentemente invencível a respeito de Quem me oferecera a vida e a possibilidade de fazer escolhas – as quais eu invariavelmente fazia errado.

Capítulo 8
O procedimento

As tentativas de controlar o crescimento populacional por meio do aborto remontam às brumas da Antiguidade. Já no ano de 2737 a.C., atribui-se ao imperador Shen Yung uma prescrição para provocar o aborto. Taussig, em seu tratado enciclopédico *Aborto: espontâneo e induzido*, afirma que a prática é quase tão antiga quanto a sociedade humana. Nos papiros de Ebers, os egípcios discorrem longamente sobre como provocar o aborto com drogas e ervas. Moissides, em 1922, publicou uma monografia de 112 páginas que enumerava todas as várias ervas e agentes químicos usados pela antiga cultura grega com esse propósito. Os romanos, apesar de terem listas de fármacos pretensamente eficazes, confiavam mais em mágicas e encantamentos para finalidades práticas. Devereux, em sua detalhada pesquisa sobre os abortifacientes usados por povos primitivos de todo o mundo, elencou uma extensa lista desses agentes, que iam desde saliva de camelo até os pelos cortados da cauda de uma corça. A tribo Taulipang usava uma pasta feita da formiga tocandira. Os masai empregavam uma emulsão de esterco de bode. Os apaches mescaleros usavam uma droga extraída de vegetais fermentados. Os manjas deixavam que uma pasta de sementes esmagadas germinasse e, então, ofereciam os brotos à gestante. Na Nova Caledônia, bananas-verdes eram fervidas para fazer uma sopa e então bebidas, enquanto os povos jivara comiam ovos crus com o mesmo propósito.

Nos séculos XVIII e XIX, emenagogos (medicamentos para restabelecer um período menstrual «obstruído») estavam em amplo uso e continham substâncias que iam desde o relativamente benigno aloés (na verdade, um laxativo leve), o óleo de poejo, a tanásia e o zimbro até os mais potentes alcaloides do ergot e heléboro negro, perigosos metais pesados (chumbo, cádmio e selênio) e venenos como a podofilina. Baseando-se no conhecimento da época sobre o trabalho de parto e os hormônios dos quais ele depende, Knaus conseguiu induzir abortos em coelhos com a injeção de extrato de hipófise (a glândula hipófise, na base do mesencéfalo, contém substâncias com a capacidade de forçar o útero a contrair-se, expelindo os produtos da concepção), mas o coquetel que desenvolveu não tinha eficácia confiável em humanos.

Na metade do século XX, a atenção dirigiu-se para os novos e potentes fármacos citotóxicos que haviam sido desenvolvidos para tratar cânceres e doenças associadas. Talvez o mais eficaz com relação a suas propriedades abortifacientes seja o medicamento metotrexato, produzido e distribuído pela Lederle Company. O medicamento é classificado oficialmente como um antimetabólito, isto é, uma substância que interfere nas funções vitais do ácido fólico na vida da célula. É especialmente tóxico para a medula óssea (onde são produzidas as células vermelhas e brancas do sangue) e para o tecido trofoblástico (células da gestação). Possui muitos efeitos colaterais sérios – até mesmo fatais –, como: a) reduções drásticas na contagem de células brancas, prejudicando o sistema imunológico e deixando o paciente indefeso para combater até mesmo as infecções mais superficiais; b) toxicidade para o fígado, a qual pode ser grave a ponto de matar o paciente; c) lesão renal, desde alterações leves da função dos rins até insuficiência completa e morte; d) alterações respiratórias que percorrem todo o espectro, da tosse leve e da falta de ar até lesões fatais; e e) efeitos neurológicos que vão desde alterações temporárias de comportamento e reflexos até a dissolução do tecido cerebral (leucoencefalopatia) e morte.

Claramente, trata-se de um medicamento que deve ser utilizado com extrema cautela, e apenas por aqueles médicos especialmente treinados no seu uso e nos métodos para reconhecer e tratar de forma agressiva seus efeitos colaterais.

Outro efeito colateral conhecido dessa droga é sua toxicidade à gestação. Embora possa causar o aborto em alguns casos, outras gestações resistem ao efeito abortivo e perduram, com frequência levando ao parto de um bebê grotescamente malformado. Do ponto de vista positivo, o medicamento salvou a vida de muitas mulheres afetadas por um raro câncer de células gestacionais chamado coriocarcinoma, o qual, antes do surgimento do metotrexato, tinha uma mortalidade de 100% e agora, com o medicamento, é eminentemente curável. Além disso, apesar de seus enormes riscos, agora ele está rapidamente se tornando o tratamento preferencial para a gestação ectópica (gestação implantada em outros lugares que não o útero, como a tuba uterina, a cérvice, o ovário ou a cavidade abdominal) e vem rapidamente substituindo o tratamento cirúrgico para estes casos.

Há pouco tempo, uma família de medicamentos foi

desenvolvida especificamente para provocar o aborto em gestações normalmente implantadas e de boa evolução. A droga RU-486 nasceu em 1980 pelas mãos do químico Georges Teutsch, que trabalhava para o laboratório farmacêutico franco-alemão Roussel-Uclaf. Trata-se de um antagonista da progesterona, isto é, parece-se tanto com o hormônio progesterona (que é produzido no ovário da mulher em grandes quantidades durante a gestação, e do qual a gestação depende para sobreviver) que é captado preferencialmente pelas células gestacionais. O RU-486, entretanto, não tem efeitos benéficos à gestação, mas age bloqueando os receptores celulares para a *verdadeira* progesterona. É como se alguém usasse uma chave ligeiramente defeituosa para tentar abrir uma porta e esta quebrasse dentro da fechadura, de modo que a chave correta não pudesse mais ser inserida.

O RU-486 e seus clones tiveram uma história curta e inglória. A droga só produz o aborto de modo confiável até a nona semana de gestação, e mesmo então é apenas 95% eficaz. Os 5% restantes de mulheres que a tomam ou expelem parte da gestação, mas continuam sangrando e necessitam de uma limpeza convencional por aspiração, ou escolhem levar a gestação até o fim com possibilidade de darem à luz um bebê com malformações graves. O medicamento, que atualmente está sendo usado em toda a Europa e China, e que aqui nos Estados Unidos passa por «testes de campo», já causou a morte de ao menos duas mulheres. Uma vez que age no sistema reprodutor feminino, tem o potencial de alterar ou influenciar de forma ainda indefinida, mas provavelmente negativa, os filhos de gestações futuras. Além disso, o RU-486 não tem eficácia confiável quando tomado sozinho; 48h após sua ingestão, a gestante deve tomar outra droga (misoprostol, uma prostaglandina) para promover a expulsão do bebê já morto. O misoprostol, por sua vez, tem também uma considerável lista de efeitos colaterais indesejados e até mesmo perigosos.

Coisas extravagantes se dizem com relação a outras utilidades do RU-486. Já se afirmou que poderia ser útil no tratamento do câncer de mama (não é), do meningioma (um tipo raro de câncer de cérebro), da síndrome de Cushing (uma doença da glândula hipófise), da depressão, da hipertensão, do mal de Alzheimer, do glaucoma, da gravidez pós-data e de feridas e queimaduras graves. Em suma, seus defensores promoveram o medicamento como um agente útil no tratamento de enfermidades e procedimentos sem relação com o aborto, sobretudo para distrair a atenção do público da única função provada e confiável da droga: abortar.

O Institute on Women and Technology é uma organização dedicada a analisar os efeitos de tecnologias novas e já existentes sobre as mulheres, trazendo um olhar feminista às políticas públicas naqueles temas relacionados ou baseados na tecnologia e defendendo inovações que empoderem as mulheres e sustentem o mundo natural. Ele tem sede em Cambridge, Massachusetts, e é liderado por três feministas, duas das quais têm formação na área biomédica (a terceira é especialista em ética). O instituto, em 1991, após revisar a literatura médica existente sobre o RU-486 e entrevistar mulheres que o haviam tomado, publicou uma contundente crítica à droga. O relatório indicava que, longe de transformar o aborto numa experiência segura e privada que a mulher pode realizar por conta própria (a eterna promessa da «pílula do dia seguinte»), o RU-486 requer cinco idas diferentes à clínica de abortos; dois ultrassons; um período de espera entre sua administração e a administração da prostaglandina, para expelir o feto morto; além de um intervalo imprevisível entre o uso da droga e o aborto de fato. Há ainda o medo de sangramento grave e de cãibras em casa antes da expulsão do feto morto, bem como da não infrequente falha da droga em produzir o aborto, com a consequente necessidade de dilatação e curetagem convencional (D&C) por sucção (nas palavras do instituto: «duplo risco de aborto»). Sua conclusão: «Nenhum procedimento que requeira supervisão médica estrita e exija tamanha quantidade de riscos e complicações pode contribuir para a autodeterminação sexual e reprodutiva das mulheres».

Métodos cirúrgicos (a curetagem por sucção, bem como a dilatação e evacuação – D&E) são ainda de longe as técnicas de aborto mais usadas nos Estados Unidos. Perto de 90% do 1,5 milhão de abortos realizados por ano são feitos no primeiro trimestre de gravidez, isto é, nas primeiras treze semanas, pelo método de sucção; o restante (os abortos tardios) se dá por dilatação e evacuação, embora um número cada vez menor ainda seja realizado por método de instilação. Este último é em geral reservado para abortos após as dezoito semanas e requer a introdução de uma longa agulha hipodérmica no útero gravídico e a substituição de parte do líquido amniótico por uma solução salina ou de ureia. A cérvice é dilatada com laminárias (finas varetas de alga japonesa ou material semelhante, impregnadas de uma substância hidrofílica que absorve as secreções de dentro da cérvice, expandindo-a e dilatando-a), e então a solução salina ou de ureia provoca a morte do feto e inicia um minitrabalho de parto. Uma vez que o feto esteja morto ou o trabalho de parto comece, a paciente é levada a uma sala cirúrgica, onde o procedimento é completado por dilatação e evacuação (D&E).

A D&E é realizada perfurando a bolsa amniótica com um instrumento pontiagudo introduzido pela cérvice parcialmente dilatada. Depois, inserem-se dentro do útero instrumentos para prender e divulsionar. O feto é esquartejado; o tronco, isolado e estripado. A cabeça é esmagada e extraída em pedaços. A placenta é localizada e raspada da parede do útero. Isso completa o procedimento, exceto pelo fato de que o aborteiro ainda deve reunir todas as partes removidas numa mesa lateral junto à mesa cirúrgica. O feto precisa ser reconstruído para que se tenha certeza de que todas as partes vitais foram removidas e nenhuma parte significativa permaneceu dentro do útero para perpetuar o sangramento e/ou infectá-lo. Esses abortos tardios – não importa a técnica – não são procedimentos pequenos e têm um risco de morte igual ou superior ao do parto a termo.

No caso de abortos precoces no primeiro trimestre, a dilatação e a curetagem clássica estiveram em uso até a metade dos anos 1960. Nesse método, a cérvice era dilatada com instrumentos de metal a fim de permitir a inserção de uma cureta, longo instrumento de metal com um anel de aço afiado na extremidade. A cureta era então usada para raspar a gestação da parede do útero. Esse método trazia consigo o risco de inserir o instrumento afiado através da parede uterina (perfuração) ou de raspar a parede do útero com vigor excessivo, causando uma grave lesão na delicada superfície e nas camadas musculares do útero (as sinéquias intrauterinas, habitualmente conhecidas como síndrome de Asherman), o que por sua vez produzia uma grave perturbação do ciclo menstrual normal ou mesmo esterilidade.

Numa daquelas curiosas e inexplicáveis conjunções entre o avanço da tecnologia e a transformação das atitudes sociais, o método de sucção nos abortos precoces entrou em cena exatamente quando se fazia mais necessário: na metade dos anos 1960, momento em que as leis restringindo o aborto estavam prestes a cair em massa. A aspiração a vácuo de um útero gravídico fora realizada pela primeira vez por um médico chamado Bykov em 1927; seu aparelho exigia a criação manual de vácuo para poder esvaziar o útero. Foi apenas na metade dos anos 1930 que um dispositivo elétrico foi inventado para criar vácuo de forma rápida e sem esforço. Por volta de 1958, os chineses já haviam desenvolvido a técnica da curetagem por sucção do útero gravídico em grande escala; o método logo foi introduzido no sistema de saúde soviético em 1961. Em meados da década de 1960, relatos de grandes quantidades de abortos por esse método estavam aparecendo na literatura médica de Israel e da Suécia. Kerslake e Casey relataram as primeiras grandes séries de casos conduzidas nos Estados Unidos, e o resto é história.

A tecnologia do aborto eficiente e em grande escala uniu-se ao desejo então prevalente de tornar possível a «linha de montagem» de que as clínicas de aborto tão desesperadamente precisavam para permitir que os hospitais continuassem com suas atividades convencionais. Em março de 1971, eu já havia registrado pessoalmente uma série de 645 abortos por método de sucção no Woman's Hospital, estando completamente convencido de que era esse o elo perdido na cadeia tecnológica. Tínhamos definido a abordagem ambulatorial para o procedimento; nos certificáramos de que uma simples anestesia local administrada pelo aborteiro ao redor da cérvice era suficiente para controlar a parte mais dolorosa do procedimento (a dilatação da cérvice); possuíamos agora um método rápido, seguro e eficiente de interromper a gestação; e, com certeza, tínhamos uma enorme clientela aguardando uma mera palavra nossa. A lei do estado de Nova York que permitia o aborto até a vigésima quarta semana logo seria substituída pelo caso *Roe vs. Wade*, que, apesar de algumas declarações de fachada sobre o direito dos estados de restringir o aborto no terceiro trimestre, na prática permitia efetivamente o aborto até o momento do parto. Tudo o que faltava agora, em 1970, era a habilidade administrativa para colocar em prática essa tecnologia de extermínio em massa.

No final, esse acabou sendo meu maior triunfo. E também a minha ruína.

Capítulo 9
O aborteiro

Mudemos o foco para Horace Hale Harvey III e Barbara Pyle, um par de exóticos hogarthianos[1] tão imbuídos de zelo messiânico (e não pouca parcialidade) que, naqueles primeiros dias, viviam como protagonistas de uma cena cada vez mais repleta de personagens frívolos, sórdidos e insensíveis. Horace Hale Harvey III era um médico de Nova Orleans que, durante sua formação, obtivera um doutorado em filosofia (escreveu uma tese sobre tomada de decisões, embora fosse pessoalmente incapaz de tomar qualquer uma, mesmo nas circunstâncias mais urgentes). Desfrutara de uma carreira nada excepcional em Nova Orleans, mas havia realizado uma grande quantidade de abortos em gestantes encaminhadas pelo pastor Howard Moody e seu Serviço Pastoral de Consulta e Encaminhamento (um grupo considerável de pastores protestantes e rabinos unidos pelo desprezo às leis que restringiam o aborto). Caíra nas graças de Moody e seu grupo cobrando

---

(1) Alusão a William Hogarth (1697-1764), pintor e satirista social de grande influência. (N. do T.)

apenas trezentos dólares por um aborto de primeiro trimestre quando outros aborteiros com a mesma habilidade exigiam de quinhentos a mil dólares pela operação ilegal. Dizia-se que sua taxa de complicações era baixa e que, caso uma de suas pacientes sofresse consequências médicas graves, ele pagava a conta hospitalar de seu próprio bolso – uma inovação que perpetuou na clínica que montou em Nova York e que depois eu mesmo mantive durante meu período como diretor da mesma clínica.

Barbara Pyle era uma moça baixinha, rechonchuda e sardenta, mas nada feia, que nascera em Oklahoma e conhecera Harvey em Tulane. Ele estava se dedicando ao doutorado na época, enquanto ela ainda se encontrava na graduação. Tinham ambos interesse – para não dizer «obsessão» – pelo tema do aborto e outros assuntos correlacionados, como educação sexual, tecnologia contraceptiva e limitação do crescimento populacional, e não demorou muito para que juntassem forças. Quando a antiga lei do aborto caiu, em 1970, Moody convenceu Harvey e Pyle a mudarem-se para Nova York, com a promessa de que seu Serviço Pastoral de Consulta e Encaminhamento garantiria um fluxo incessante de mulheres de todo o leste dos Estados Unidos. Harvey e Pyle cogitaram a oferta, e Pyle – é claro – acabou tomando a decisão de mudar-se, enquanto Harvey ainda hesitava. Ela encheu vagões e caminhonetes inteiros com equipamento médico, e acabaram partindo para Nova York em junho. Em 1º de julho de 1970 – data em que a nova lei do aborto entrou em vigor –, já haviam alugado vários consultórios médicos num pitoresco condomínio em Manhattan e inauguraram seu serviço.

Os negócios dispararam. Em seis meses, a clínica – oficialmente conhecida como Centro de Saúde Reprodutiva e Sexual, mas popularmente chamada de Women's

Services – aumentou seu número diário de abortos de dez para 120. Tendo ocupado todo o quinto andar do edifício, estabelecera ainda uma parceria com um laboratório no qual as pacientes faziam seus exames de sangue e urina antes do procedimento. O dinheiro entrava nos cofres de tal maneira que Pyle investia os lucros em grandes títulos do governo. O Women's Service, entretanto, era uma clínica sem fins lucrativos: não havia nenhum acionista, e todos os empregados e colaboradores (exceto os médicos, que eram prestadores independentes) recebiam salários. A operação toda era presidida por Moody e seu grupo de pastores e rabinos (depois, durante minha direção, passou a haver um conselho diretor, a quem eu me reportava diretamente).

No entanto, havia algumas moscas na sopa. Para começar, o dr. Harvey fora negligente e não havia obtido licença para praticar a medicina no estado de Nova York. Isso foi descoberto pelas autoridades em dezembro de 1970. Depois, as conselheiras (jovens que orientavam as pacientes antes do aborto e depois acompanhavam-nas até a sala de operações como enfermeiras, embora poucas o fossem de fato), insatisfeitas com seu salário de cinquenta dólares pelo turno de oito horas, ameaçaram juntar-se ao Local 1199, o sindicato dos trabalhadores da saúde de Nova York – movimento que Pyle e Harvey combatiam com verdadeiro afinco. As conselheiras eram no geral jovens universitárias radicais, feministas declaradas que consideravam a equipe predominantemente masculina como seu inimigo. Essa atitude não contribuía para uma relação harmoniosa na clínica, sobretudo porque a qualidade do corpo clínico era, numa palavra, deplorável, consistindo numa extraordinária variedade de bêbados, drogados, sádicos, tarados, incompetentes e perdedores. Pelo menos um deles era foragido da justiça, com o FBI em seu encalço.

No final de janeiro de 1971, o estado de Nova York preparou uma liminar contra a clínica, a qual acabaria de forma efetiva com toda a operação. Poucos dias antes de sua execução, Howard Moody telefonou-me em casa e suplicou-me para que assumisse o posto de diretor, protelasse a liminar e limpasse a operação, de modo a permitir que a clínica passasse por uma inspeção das autoridades sanitárias e obtivesse licença para funcionar no estado. Aceitei com considerável relutância e um mau pressentimento ainda maior. Assumi a diretoria em 31 de janeiro de 1971.

Minhas experiências no cumprimento da missão de que Howard Moody me encarregara já foram contadas em detalhes alhures, e não pretendo reviver outra vez, nestas páginas, esse pesadelo. Basta dizer que a cumpri de forma dedicada e honrada; que me encontrava na clínica de manhã muito cedo, tarde da noite e aos fins de semana, de forma a não prejudicar minha grande carga de trabalho na área de ginecologia e obstetrícia. Aprendi rapidamente a delegar as responsabilidades cotidianas a um médico por quem nutria admiração e confiança, o dr. Jesse Blumenthal. Afastando-me do funcionamento diário da instituição – por exemplo, nunca realizei pessoalmente nenhum aborto lá –, conquistei certo respeito mesmo por parte do turbulento grupo das conselheiras. Lidei com os funcionários de forma imparcial, participei das negociações trabalhistas com o Local 1199 (as conselheiras da clínica *de fato* se sindicalizaram) e contratei e despedi médicos até ter um corpo clínico limpo, competente e laborioso. Em seis meses, obtivemos um alvará de funcionamento do estado de Nova York, o que tornou o Women's Services a segunda clínica de abortos oficialmente reconhecida pelo estado. A primeira era uma minúscula instituição em Siracusa administrada pelo dr. Jefferson Penfield, amigo meu cujo treinamento em ginecologia e obstetrícia no New York Hospital fora auxiliado por mim.

Quando olho para trás, quando atravesso os 25 anos que me separam daquela revoltante pantomima que fazíamos com o corpo das gestantes e seus bebês assassinados, fico desconcertado com a falta de crítica ao redor da tarefa a que nos tínhamos proposto, com o vácuo espiritual e moral no centro daquela fantástica operação, com a certeza inconteste quanto ao alto nível de retidão moral segundo o qual agíamos. E, no entanto, a coisa era tão obviamente sórdida! Por que não conseguíamos fazer a ligação entre os procedimentos malfeitos, os maus médicos, as motivações gananciosas e insensíveis, a grosseria do empreendimento, bem como daqueles envolvidos nele, entre todos esses indicadores éticos, e a grotesca imoralidade do ato em si? São Tomás ensina que Deus nos concede a compreensão do Ser em cada um de seus quatro aspectos transcendentais: Bondade, Verdade, Beleza e Unidade. A compreensão de cada aspecto nos ajuda a compreender os outros, de modo que podemos perceber, por exemplo, a Verdade por meio de sua Bondade, ou o Bem por meio de sua Beleza. Por que não éramos capazes de percorrer o raciocínio do vulgar até o vergonhoso?

Os médicos, que realizavam dez ou quinze abortos por dia, recebiam de setenta a noventa dólares por hora. Um deles trabalhava como ginecologista e obstetra em Lexington, Kentucky, de segunda a sexta-feira, quando então voava até Nova York, trabalhava cinco turnos de oito horas cada na clínica durante o fim de semana e, em seguida, tomava o avião de volta para retomar suas atividades na segunda de manhã. Ganhou 185 mil dólares no ano em que trabalhou na clínica.

Os aborteiros eram obrigados pelo protocolo que montei a examinar a olho nu o conteúdo do coletor de gaze que ficava preso na ponta do aparelho de aspiração, a fim de verificar se havia uma quantidade adequada de partes fetais. Desse modo, examinavam pessoalmente os restos de talvez uma dezena de abortos todos os dias. No final de seus turnos de oito horas, voltavam para suas famílias, seus consultórios e seus locais de oração (muitos dos médicos não judeus iam à igreja; os judeus eram na maior parte reformados ou ateus, como eu).

O psiquiatra Robert Lifton estudou o comportamento dos médicos judeus que supervisionavam as matanças nos campos de concentração e depois retornavam a suas vidas domésticas normais no fim do dia. Chamou esse fenômeno de «duplicamento», a divisão do eu em duas partes que funcionam de forma independente. Os médicos que encontrei logo que assumi a direção da clínica talvez não tivessem necessidade de um mecanismo de proteção psicológica tão sutil. Formavam um grupo de pobres-diabos que não tinham qualquer noção de ética ou bagagem moral. O dr. Eliezar Schkolnik, volúvel russo de meia-idade, baixo e barrigudo, era o exemplo típico dos abutres que se aproveitaram dos primórdios da revolução abortista. Além de trabalhar em nossa clínica, estava também na equipe de outra clínica de abortos que funcionava no mesmo edifício dois andares abaixo; se houvesse um momento de calma nas atividades do Women's Services, Schkolnik descia furtivamente dois lances de escada e apresentava-se sem a menor cerimônia para trabalhar na clínica concorrente, aproveitando o fato de que naqueles primeiros dias de liberação do aborto havia poucos médicos dispostos a fazer serviços assim. Quando soube de sua atividade complementar, optei por despedi-lo de imediato – embora fosse tecnicamente excelente e capaz de realizar os abortos mais difíceis sem uma gota de suor.

Felizmente ele se afastou com discrição e, no fim da segunda semana de minha administração, já não era mais visto em nossa clínica. Voltou à tona muitos anos depois como diretor de uma pequena clínica de abortos tão sórdida e de fama tão ruim que os inspetores sanitários do estado de Nova York mandaram para lá uma paciente falsa com uma amostra de urina masculina. Ele a testou no que comicamente chamava de laboratório e, após um intervalo decente, talvez três minutos, disse a ela que estava de fato grávida e que ele ficaria feliz em realizar o aborto. Por essa e diversas outras transgressões médicas e morais, sua licença para exercer medicina foi revogada no estado de Nova York em 1976. Em 1980, seu corpo foi encontrado num obscuro beco do Brooklyn com um buraco de bala atrás de sua orelha esquerda.

Como disse, entretanto, naquela época consegui ao menos substituir os Schkolniks da vida. Com uma combinação de dinheiro e apelo ao senso de dever político, logo reuni uma equipe de médicos da qual qualquer hospital de grande porte poderia orgulhar-se: conscienciosos, cuidadosos, decentes, dedicados ao trabalho, com poucas ou nenhuma divisão interna... e sem quaisquer restrições éticas pessoais.

No entanto, a principal pergunta continua intrometendo-se em minha consciência, mesmo 25 anos depois: eu havia substituído um bando de médicos trapaceiros e malandros por uma reunião impecável e respeitável de profissionais muito bem formados e de grande competência – e esses novos recrutas continuaram a realizar a mesma tarefa macabra sem nenhuma indicação ou desculpa. A máquina médica enferrujada e defeituosa havia sido substituída por um aparelho novo, brilhante e sólido – mas a moralidade do que fazíamos continuava exatamente a mesma.

Todos eles haviam feito o mesmo juramento hipocrático que eu; em todos supostamente havia sido inculcada a veneração pela vida. Alguns, como eu, eram filhos de médicos e tinham sido criados no mesmo clima medicamente virtuoso que eu. Não é difícil entender por que os Schkolniks do mundo médico se reuniriam para alimentar-se da liberalização do aborto; mas por que aqueles médicos bem-sucedidos e tecnicamente superiores estavam dispostos a continuar o mesmo projeto inominável que seus inferiores haviam começado?

Os médicos sujeitam-se a um longo período de educação superior e treinamento técnico. Aprendem a diagnosticar as doenças do corpo e da mente e aplicam nos doentes o treinamento técnico especializado para o qual estão certificados. Na realização desses serviços, são recompensados com pagamento em dinheiro, com um reconhecimento especial de seus pares, com aplausos da comunidade exterior e, talvez acima de tudo, com a inebriante sensação de poder que acompanha o sagrado privilégio de invadir o corpo de outra pessoa com aprovação moral e impunidade legal.

A descrição mais simples de um médico, portanto, é esta: um técnico altamente treinado, exposto todos os dias a tentações materiais e espirituais excepcionalmente poderosas. Minha experiência diz que apenas aqueles que têm uma coluna espiritual inflexível a sustentar o imenso peso das obrigações e responsabilidades médicas sobrevivem intactos às tentações mundanas no mundo da medicina: o fluxo ininterrupto do dinheiro, o som constante da adulação e os efeitos inebriantes dos privilégios. Não é por acaso que os grandes médicos e cientistas do passado foram profundamente espirituais: Hipócrates fazia seu juramento diante de seus deuses; Aristóteles (talvez o maior cientista empírico de todos os tempos) venerava a ideia de Deus como Primeiro Motor; Cláudio Galeno, que se apoiou nas obras de Aristóteles e Hipócrates, desde muito cedo declarou-se monoteísta e foi apoiado pelos médicos árabes e hebreus que o seguiram; e o rabino Moisés ben Maimon (Maimônides), um dos que escreveram o Talmude, foi um talentoso médico da corte de Saladino, no Egito, e escreveu o *Guia dos perplexos*, que procurava casar elementos de espiritualidade com a ciência da medicina. William Harvey, descobridor da circulação sanguínea, estava convencido da existência de uma Inteligência Criativa Suprema e praticava seu protestantismo zelosamente. Sem algo tão absoluto a orientar as virtudes, os médicos, expostos como estão a tentações, têm grande chances de sucumbir.

Continua sendo verdade, no entanto, que os aborteiros, após mais de duas décadas de aborto por livre demanda nos Estados Unidos, tendem a vir das categorias mais baixas da profissão médica. Na verdade, pode ser que isso seja ainda mais verdadeiro hoje do que no início dos anos 1970.

Em maio de 1991, um grupo de pesquisa em saúde pública publicou um relatório intitulado *9479 médicos questionáveis*. O grupo convenceu os Conselhos de Medicina de 41 estados e do Distrito de Columbia a fornecer-lhe uma lista de todos os médicos com sanções éticas desde o início de 1985. Informações semelhantes foram obtidas do gabinete do Inspetor Geral do Departamento de Saúde e Serviços Humanos dos Estados Unidos, da Food and

Drug Administration e do Arquivo Federal sobre médicos e dentistas cujos privilégios de prescrever substâncias controladas haviam sido cassados, restritos ou negados.

No total, os médicos listados haviam incorrido em 23 tipos de punições éticas, desde advertências verbais até cassação de licença; cometido dezesseis categorias diferentes de infrações, de alterações de prontuários a condenações por crimes; e sofrido 32 tipos diferentes de acusações de má conduta profissional, incluindo «realização de aborto criminoso» (seja lá o que *isso* signifique depois do caso *Roe vs. Wade*), «conduta libidinosa» e «abuso sexual de outra pessoa que não o paciente, ou não especificada».

O relatório chegava à desanimadora conclusão de que o sistema nacional utilizado para proteger o público da incompetência e da má prática médica ainda estava muito aquém do adequado. Em apenas alguns estados os conselhos de medicina procuram ativamente desmascarar os maus médicos, ou mesmo aqueles que foram punidos em outras regiões, antes de receberem queixas. Muitos dos médicos punidos são reincidentes ou receberam punições em outros estados. O relatório sugere que «ainda é pouquíssima a disciplina» e que apenas uma pequena porcentagem dos médicos que fazem mal a seus pacientes é punida.

Na região do Queens, em Nova York, uma mulher de 33 anos morreu após um aborto mal praticado pelo dr. David Benjamin (também conhecido como Elyias Bonrouhi). Como ela fora parar em suas mãos?

O dr. Benjamin havia sido proibido de operar no St. Elizabeth's Hospital, em Nova York. De acordo com Anthony Dardano, ex-diretor e agora vice-presidente do Departamento de Ginecologia e Obstetrícia do hospital:

«Ele não apresentava nem mesmo o que eu consideraria ser o mínimo indispensável em termos de qualidade de atendimento». Em 1985, Benjamin foi acusado de operar sem anestésicos, tentando realizar partos complicados em seu consultório (não conseguira entrar no corpo clínico de nenhum hospital) e de suturar as partes erradas do corpo de uma mulher após uma operação. Essas acusações resultaram num tapinha na mão: uma suspensão de três meses de sua licença em 1986. Ele voltou à tona em 1993, quando realizou um aborto de segundo trimestre em seu consultório e conseguiu provocar a morte da mulher durante o procedimento. Graças a Deus, sua licença estadual de praticar a medicina foi finalmente cassada.

O dr. Stephen Brigham foi proclamado herói quando se voluntariou para substituir o dr. John Britton, aborteiro assassinado por Paul Hill no mês de julho de 1994 em Pensacola. Não há dúvida de que o assassinato do dr. Britton foi um ato abominável. No entanto, há muitas dúvidas quanto ao dr. Brigham, que anunciou com grande pompa que estava convicto de seus ideais e estava disposto a apresentar o peito a assassinos e tipos semelhantes. Na verdade, ele já tivera sua licença médica suspensa em Nova York e respondia a uma acusação de negligência e imperícia em seu tratamento de duas mulheres de Nova Jersey e uma da Pensilvânia, as quais lhe pagaram para realizar abortos de segundo trimestre. A alegação era de que ele havia perfurado o útero de uma das mulheres de Nova Jersey, grávida de 24 semanas, lesionando não apenas o útero, mas também seu cólon. A outra mulher de Nova Jersey, que estava grávida de 26 semanas, simplesmente sofreu uma laceração da cérvice, que ele supostamente não reconheceu e acabou por suturar. A paciente teve uma perda sanguínea tão grande até ser internada no hospital que foi preciso fazer uma histerectomia.

Antes da presunçosa afirmação de Brigham, um tal de Allen Kline havia corajosamente se disposto a cobrir a brecha deixada pelo assassinato do dr. Britton. Vestiu um colete à prova de balas, rodeou-se de uma escolta policial e entrou pala porta da frente da clínica de abortos Women's Medical Services, dizendo-se determinado a continuar o heroico trabalho do falecido com os «serviços reprodutivos» prestados àquelas pacientes em crise por conta de uma gravidez não planejada. Infelizmente para a população de Pensacola, o mesmíssimo doutor Kline havia supervisionado o aborto em uma jovem de treze anos chamada Dawn Ravenell, com uma gestação de 21 semanas, na clínica de abortos Eastern Women's Medical Center, em Nova York. O procedimento resultou em coma e morte da menina. No processo por erro médico que se seguiu, a família da jovem recebeu 1,3 milhão de dólares em danos. O júri considerou tão grandes sua negligência e indiferença pela vida humana que chamou o incidente de «abominação». Além disso, os registros do processo indicam que o Eastern Women's Medical Center havia falsificado e alterado seus prontuários como tentativa de encobrir a tragédia.

Em novembro de 1991, o dr. Robert Crist realizou aborto numa jovem de dezessete anos. Ela sangrou profusamente depois da operação e foi levada às pressas para o Ben Taub Hospital, em Houston, onde morreu no mesmo dia. Estava grávida de 22 semanas. O doutor Crist estivera envolvido em dois outros casos desastrosos. Uma mulher com deficiência mental em St. Louis faleceu dois dias depois de ele realizar um aborto nela; e uma texana alegou ter dado à luz um bebê mutilado vários dias depois que Crist realizara em si um aborto (os dois casos foram noticiados com detalhes no *Kansas City Star*). Crist insiste que as acusações foram retiradas.

O dr. Milan Chepko foi indiciado por um tribunal federal em 1989 por distribuir vídeos de crianças realizando atos sexuais (sexo oral e anal). Recebeu duas acusações por transporte interestadual de fitas de vídeo envolvendo a exploração sexual de menores. Se tivesse sido considerado culpado de todas as acusações, sua pena teria sido de trinta anos de prisão e 1,5 milhão de dólares em multas. A atividade profissional do dr. Chepko consistia em duas clínicas de aborto em Mississippi.

O dr. Ming Kow Hah, que praticava a medicina em Elmhurst, Nova York, foi acusado em 1990 de um aborto malfeito e teve sua licença médica suspensa pelo comissário de saúde David Axelrod, que o chamou de «perigo iminente à saúde do povo deste estado». A tentativa de aborto resultou numa histerectomia e no reparo de outras lesões internas extensas. O dr. Hah, que não foi, como é evidente, facilmente dissuadido de sua vocação, já tivera sua licença médica cassada em Michigan, em 1975, e em Illinois, em 1978.

Em janeiro de 1993, Angela Sanchez, de 27 anos, foi encontrada morta após receber uma injeção na Clínica Femenina de la Comunidad, uma clínica de abortos em Orange County (Califórnia); dizia-se que estava grávida. A dona da clínica, Alicia Ruiz Hanna, foi presa por suspeita de homicídio. Hanna alegou ser uma enfermeira registrada, mas os conselhos regionais negaram que tivesse licença no estado da Califórnia.

Contudo, o líder incontestável das hienas do aborto é o dr. Abu Hayat, médico de 61 anos formado na Faculdade de Medicina de Calcutá e ex-major no Batalhão Médico do exército americano. Obteve sua licença para praticar a medicina no estado de Nova York em 6 de setembro de 1973, e ela permaneceu válida até a macabra série de eventos em questão. Hayat conduzia sua rede de abortos com inclinações para o sigilo e pelas vias indiretas, como se fosse um agente da CIA fomentando uma revolução na América Central: anunciava seus serviços no jornal de língua espanhola *El Diario* e orientava as gestantes a procurarem um consultório de fachada no Brooklyn. Elas então eram trazidas (evidentemente, não achava necessário vendá-las, embora, se o fizesse, talvez algumas viessem a desistir da operação por puro terror, salvando-se assim das odiosas maquinações daquele monstro) a seu consultório na esquina da avenida A com a rua 9, no sudeste de Manhattan. Era lá que a incompetência profissional, a colossal venalidade, a maldade perfeita e inconsequente daquele homem eram demonstradas.

Uma série de audiências do Departamento de Saúde do Estado de Nova York foi realizada para discutir a má conduta profissional do dr. Hayat nos dias 3, 4 e 17 de dezembro de 1991. Hayat não se dignou a comparecer a nenhuma. Durante as audiências, foi trazido à baila o caso de uma mulher chamada Rosa Rodriguez, que fora ao consultório de fachada de Hayat, localizado no número 296 da Broadway, no Brooklyn, em 25 de outubro de 1991. Ela acreditava estar grávida de três ou quatro meses e, em resposta ao anúncio de Hayat no *El Diario*, decidira interromper a gravidez. Dois funcionários de Hayat levaram-na a seu centro de abortos da rua 9, onde lhe disseram que o procedimento custaria 1500 dólares. Ela disse que só tinha mil dólares em dinheiro. Hayat aceitou seu passaporte, seu *green card* e um anel de ouro e diamantes como garantia pelos quinhentos dólares que faltavam. Em seguida, examinou-a, anestesiou-a e inseriu dilatadores em sua cérvice, numa tentativa de conseguir dilatação suficiente para realizar o aborto no dia seguinte. Quando ela acordou, ele a instruiu a voltar para casa e a comparecer novamente a seu consultório do Brooklyn no dia seguinte. Ela o fez, e foi novamente levada à sala de abortos em Manhattan por um dos funcionários.

Neste momento, entretanto, Rodriguez informou ao dr. Hayat que *não* queria mais continuar com o aborto e pediu-lhe que retirasse o dilatador de sua cérvice. Este é um procedimento perfeitamente seguro do ponto de vista médico. Em geral, a gestação continua sem maiores problemas uma vez que o dilatador é removido, sobretudo se permaneceu ali apenas por 24 horas. Hayat, no entanto, disse friamente que ela *não tinha* outra escolha senão prosseguir com o aborto. Deu-lhe uma injeção para tranquilizá-la e, quando ela acordou, informou-a de que havia removido «a medicação antiga [o dilatador original]» e a trocado por outra. Instruiu-a então a retornar a seu consultório em Manhattan no dia seguinte, mas que em nenhuma circunstância deveria procurar um hospital – se sentisse quaisquer efeitos indesejados, deveria entrar em contato com um dos funcionários de seu consultório no Brooklyn.

Rodriguez, no entanto, não estava grávida de três ou quatro meses, e sim na 32ª semana. Naquela noite, 26 de outubro de 1991, começou a sentir fortes dores abdominais e contrações uterinas. Havia tido um filho três anos e meio antes e conhecia as dores de parto. Então, ligou – como havia sido orientada – para os funcionários do consultório do Brooklyn, que por sua vez puseram-na em contato com o dr. Hayat. Este lhe disse que ela ainda não estava «pronta» e que devia esperar até o dia seguinte. Sua dor estava tão forte naquele ponto que telefonou novamente à funcionária do consultório do Brooklyn, que a orientou a ir até sua casa, onde receberia cuidados. Ela recusou o convite, informou sua mãe de tudo o que tinha acontecido e foi levada de ambulância até o Jamaica Hospital, onde, no pronto-socorro, deu à luz uma menina viva de 1400 gramas... com o braço direito faltando. Em vez de «trocar» a «medicação antiga», o dr. Hayat havia na verdade começado o aborto: rompera a bolsa amniótica e começara a desmembrar o bebê, arrancando seu braço. Quando se deu conta de quão avançada estava a gestação (em nenhum momento dera-se ao trabalho de obter um ultrassom para verificar a fase da gestação antes da tentativa de aborto), despertou Rodriguez e simplesmente lhe deu alta, acreditando que os serviços médicos da região providenciariam uma solução satisfatória para o problema. A criança segue perfeitamente saudável até hoje, mas com o braço direito faltando.

Quando o Departamento de Saúde do Estado de Nova York e a mídia começaram a investigar mais profundamente a carreira de Hayat, outros incidentes vieram à luz. Em março de 1991, ele começara a fazer um aborto de segundo trimestre numa mulher, mas, durante o procedimento, deixou a paciente na sala, procurou o marido no andar de baixo e informou-o de que a gravidez estava mais avançada do que ele imaginara (mais uma vez, não se dera ao trabalho de fazer um ultrassom pré-operatório); então, exigiu-lhe mais quinhentos dólares. Disse que, se o marido não lhe desse o dinheiro imediatamente, teria de interromper o procedimento no meio da parte mais arriscada da operação e mandar a paciente para casa. O marido disse que não tinha o dinheiro consigo, mas que com certeza podia providenciá-lo até a tarde do dia seguinte. Aquilo não bastou para o dr. Hayat, que pôs a paciente e seu marido para fora de sua fábrica de abortos enquanto a mulher ainda estava sedada e sangrando intensamente. Ela acabou sendo levada ao St. Luke's Hospital, em Nova York, onde diagnosticaram sepse generalizada e hemorragia grave. O aborto teve de ser completado ali.

Em setembro de 1990, Hayat iniciara um aborto numa paciente que apresentou sangramento vaginal ativo, dor abdominal intensa e dificuldade para respirar durante o procedimento. Rapidamente ele a tirou da mesa e a mandou embora de sua clínica. Ela acabou sendo levada ao Kings County Medical Center, no Brooklyn, no dia seguinte, apresentando sepse grave e coagulação intravascular disseminada (uma perigosa alteração na coagulação do sangue). Além disso, ele havia perfurado seu útero. Ela morreu de choque séptico em 26 de setembro de 1990.

Em julho de 1988, Hayat realizou um aborto numa gestante de dezessete semanas. Após o procedimento, ela começou a sangrar intensamente, mas ele lhe disse que o sangramento era normal e que era seguro ir para casa. Ela permaneceu com uma dor excruciante, no entanto, e dois dias depois retornou a seu consultório, onde ele realizou um procedimento ulterior não especificado e mandou-a novamente para casa. Depois de doze horas em casa, ela começou a eliminar fezes pela vagina. Foi levada às pressas para o North Central Bronx Hospital, onde se descobriu que Hayat não apenas perfurara o útero durante o aborto, mas também o intestino grosso (cólon), criando uma fístula uterocólica (um canal de comunicação anormal entre o útero e o intestino). Havia também deixado de remover algumas partes do crânio fetal, que depois foram descobertas soltas na cérvice da paciente.

E... sim, Hayat também foi acusado de abusar sexualmente de uma mulher durante um aborto em outubro de 1991. No total, ele tinha um impressionante histórico de venalidade, incompetência profissional e indiferença para com a vida humana. Em novembro de 1991, o Departamento de Saúde do Estado de Nova York cassou sua licença médica, chamando-o de «risco iminente à saúde do povo do estado de Nova York». Em janeiro de 1993, Hayat foi a julgamento por treze acusações, que iam desde lesão corporal grave a um bebê (a bebê de Rodriguez) e uma depravada indiferença para com a vida humana até falsificação de prontuários (ele alterara seus prontuários a fim de esconder aquelas práticas medonhas). O processo foi julgado pelo Juiz Jeffrey Atlas, da 39ª região do Tribunal de Justiça Criminal da Suprema Corte do estado de Nova York: Hayat em nenhum momento tentou defender-se e foi condenado a uma pena que ia de nove anos e quatro meses a 27 anos e oito meses numa prisão no norte de Nova York.

Nem todos os que fazem abortos são monstros; e nem todos os monstros da medicina são aborteiros. O dr. Michael Swango, residente de Psiquiatria no Hospital Universitário de Stonybrook, por exemplo, foi suspenso de suas atividades em outubro de 1993 por esconder o fato de que uma vez havia sido preso por envenenar seus colegas. Ele fora condenado a dois anos de prisão por colocar formicida na comida de seus colegas paramédicos. E, em Wilmington, Carolina do Norte, a licença médica do neurocirurgião Raymond Sattle foi suspensa em novembro de 1994 porque ele deixou o cérebro de seu paciente exposto por 25 minutos enquanto almoçava. Foi também advertido por esquecer os nomes dos instrumentos cirúrgicos de que necessitava durante a operação; por mandar que uma enfermeira fizesse furos na cabeça de um paciente e manipulasse a parte exterior do cérebro embora ela não tivesse treinamento para isso; e por mandar que fluidos intravenosos fossem administrados a ele (o cirurgião) durante o procedimento porque sentia que estava a ponto de desmaiar.

Pode ser também que a atenção da mídia concentre-se com mais intensidade nos percalços do negócio do aborto pelo fato de ele ser, em si mesmo, um tema muito volátil. Não obstante, uma consulta às maiores companhias de seguro por erros médicos revela que o aborto é uma das três ou quatro causas mais frequentes de processos assim nos Estados Unidos, e de tal maneira que, embora um aborto de primeiro trimestre seja um procedimento relativamente simples do ponto de vista técnico, as seguradoras classificam-no como «cirurgia de grande porte». Qualquer médico que faça abortos e deseje cobertura para erros médicos precisa pagar valores muito mais altos do que aqueles que realizam procedimentos comparativamente simples.

Minha experiência pessoal no Women's Services leva-me a concluir que o problema do aborteiro é inerente ao aborto e tende a piorar. Como já disse, minha primeira tarefa quando assumi o Women's Services foi livrar o corpo clínico de todos os médicos e paramédicos ruins e reorganizar o funcionamento da clínica segundo as linhas de um serviço de ensino universitário. De fato, fomos anfitriões e instrutores de muitos outros médicos e organizações respeitáveis que desejavam montar serviços semelhantes, inclusive, mas não apenas, o grupo Planned Parenthood. Publicamos nossas estatísticas em revistas médicas de prestígio, como a *New England Journal of Medicine* e a *American Journal of Obstetrics and Gynecology*. Também pude falar em encontros regionais do Colégio Americano de Ginecologia e Obstetrícia (ACOG).

O resultado desse processo de legitimação foi, como qualquer economista sensato poderia prever, desastroso para a saúde econômica dos médicos. Reduzi a folha de pagamento dos médicos que faziam abortos até o ponto em que podíamos oferecer o procedimento por 125 dólares, o número mágico do Medicaid[2], em vez dos duzentos dólares que eram cobrados quando assumi o serviço. Tornamos o procedimento acessível aos mais pobres e o justificamos tão bem que o Medicaid foi finalmente persuadido a pagar por aqueles que não tinham nem mesmo os 125 dólares. Antes que eu assumisse, os médicos ganhavam 75 dólares por aborto, sistema que gerava diversos abusos, como brigas entre médicos por pacientes e profissionais que se recusavam a fazer abortos difíceis, uma vez que estes levavam mais tempo. De início, defini para o corpo clínico um pagamento que ia de 70 dólares a 90 dólares por hora (meu próprio salário como diretor era de 30 mil dólares por ano).

À medida que surgiam outras clínicas – muitas com médicos competentes e conscienciosos em seu corpo clínico, ao menos de início –, a concorrência pelo dinheiro do aborto intensificou-se. Embora tivéssemos um poderoso mecanismo de prospecção por meio do Serviço Pastoral de Consulta e Encaminhamento, que contava entre seus membros 1200 pastores e rabinos de todo o leste dos Estados Unidos, ainda estávamos em luta por pacientes. Outra clínica funcionava dois andares abaixo de nós no mesmo prédio e tinha o hábito de mandar «olheiros» para

---

(2) Programa norte-americano de saúde social, destinado a classes de baixa renda e poucos recursos. (N. do T.)

os aeroportos locais a fim de identificar nossas clientes e convencê-las de que nos representavam (tratava-se do mesmo endereço, afinal), ao que conduziam-nas ao *terceiro* andar (nós ficávamos no quinto) para realizarem o aborto *e* o pagamento.

À medida que a competição se intensificava e clínicas que funcionavam como linhas de montagem cortavam custos, fui forçado a reduzir o pagamento dos médicos. Com isso, ginecologistas treinados para fazer cirurgias de grande porte na pelve feminina por valores consideráveis começaram a perceber, depois de realizarem cinco ou dez mil abortos sob forte pressão, que estavam entediados e mal pagos, sobretudo quando seus consultórios particulares cresciam. Muitos de meus melhores funcionários desistiram a fim de se dedicarem a seus próprios consultórios. As clínicas de abortos, inclusive a minha, foram progressivamente tomadas de médicos mais jovens, inexperientes... e, mais uma vez, fracassados.

Lembrem: o aborto legalizado entrou em cena bem no momento em que outras oportunidades se abriam no campo da ginecologia e da obstetrícia – a tecnologia da reprodução assistida (fertilização *in vitro* e seus derivados); o ultrassom e o monitoramento eletrônico do coração fetal; a quimioterapia e a cirurgia radical de tumores ginecológicos; a proliferação de faculdades de medicina; e a grande quantidade de recursos públicos investidos para financiar a pesquisa clínica. Também estes foram poderosos fatores a atrair os médicos competentes para longe das clínicas de abortos, deixando as vagas para os inexperientes e os fracassados.

Por fim, o fator que talvez seja o mais importante: havia um sentimento crescente, apesar da politicagem frenética das organizações profissionais politicamente corretas e dominadas por feministas, de que o aborto era uma ocupação tediosa, repetitiva e só marginalmente respeitável, que exigia pouco ou nada do médico tanto do ponto de vista da medicina quanto da perspectiva ética. A gestante era conduzida à sala de operações no último minuto depois de ter sido apoiada, no setor de tomada de decisões, por zelosas «conselheiras» feministas. O médico apresentava-se (se fosse civilizado o suficiente para isso; muitas vítimas de aborto juram que nunca souberam o nome do médico que as mutilara durante um aborto mal feito), examinava-as quando já estavam anestesiadas e, então, aspirava o útero – para nunca mais ver a paciente de novo.

Era para isso que treinava um ginecologista e obstetra consciencioso e dedicado? Era para isso que passava quatro anos na faculdade pré-médica e outros quatro na faculdade de medicina, bem como pelo menos mais quatro – sete anos, no meu caso – na residência? Onde estava a relação entre médico e paciente aqui? Onde estava a «ética intrínseca à medicina» nesse cenário mortiço? É de espantar que escórias como Hayat, Benjamin, Brigham, Kline e gente semelhante fossem parar nas desprezíveis paragens do aborto?

O dr. David Grimes, professor de ginecologia e obstetrícia na Faculdade de Medicina da Universidade do Sul da Califórnia, publicou recentemente um artigo na revista oficial da ACOG em que lamentava a falta de «provedores de aborto» nos Estados Unidos e apontava que 83% dos municípios não têm um «provedor» identificável. O dr. Grimes esteve na vanguarda do movimento abortista: trabalhou por muitos anos no Projeto de Supervisão do Aborto do Centers for Disease Control (CDC) em Atlanta, Georgia, e foi um dos primeiros a propor a técnica do D&E para abortos de segundo trimestre. Dedica-se agora a promover a pílula abortiva francesa RU-486 com um zelo nada menos do que messiânico. Grimes lamenta que, desde 1985 (ano da última grande pesquisa sobre o assunto), a proporção de programas de residência que ofereciam instrução especial na realização de abortos diminuiu significativamente. Ele atribui essa redução a uma combinação de mau pagamento, baixo prestígio, assédio frequente, condições de trabalho precárias e tédio. Grimes não se detém nos aspectos éticos do procedimento nem se pergunta por que *esta* operação em particular, dentro do imensamente amplo espectro dos procedimentos cirúrgicos, recebeu a marca do fracasso em comparação com muitos outros procedimentos tediosos da medicina moderna. Para sermos justos, ele de fato inclui «baixo prestígio» em sua lista de «desincentivos», e duvido de que seja um exagero epistêmico dizer que a destruição deliberada de um ser vivo e claramente humano é uma prática repugnante para qualquer um exceto os médicos mais moralmente indiferentes. Pode com justiça, portanto, ser descrita como algo de «baixo prestígio» dentro da comunidade médica.

O dr. Ralph W. Hale, atual diretor executivo da ACOG, tenta explicar a falta de ginecologistas dispostos a fazer abortos com o argumento de que muitos dos obstetras mais velhos não os fazem porque sua população de pacientes envelheceu com eles e já não está em sua idade reprodutiva. Todavia, o que parece é que os ginecologistas *mais jovens*, instruídos na era do ultrassom e com possibilidades muito mais atrativas, é que estão na liderança do grupo que se afasta do aborto, deixando-o para os charlatães e mercenários. De fato, em 1991, apenas 12% dos programas de residência exigia treinamento em abortos de primeiro trimestre. O aborto, do ponto de vista cirúrgico, é um procedimento pouco desafiador e que dificilmente se alinha às aspirações e restrições clássicas dos médicos em formação. Residentes em programas de obstetrícia já fizeram saber a seus mentores que preferem não perder seu valioso tempo de residência realizando um procedimento destrutivo que está hoje confinado à sombria periferia da prática médica, isto é, às fábricas abortivas.

Na época em que eu dirigi a clínica, trabalhava ao mesmo tempo como ginecologista e obstetra, fazendo partos e viajando por todo o país a fim de pressionar legislaturas e políticos a afrouxarem suas leis (ainda não havia o caso *Roe vs. Wade*). Eu era muito ocupado. Quase nunca via minha família. Tinha um filho pequeno e uma esposa, mas nunca estava em casa. Arrependo-me amargamente daqueles anos, entre outras coisas porque não vi meu filho crescer. Lamento imensamente por isso, e minha ausência culminou em sérios problemas com ele. Eu era também um pária na profissão médica. Era conhecido como o rei do aborto. Meus artigos sobre a prática, avidamente recebidos pela imprensa progressista (e até mesmo pela imprensa médica progressista), não me tornavam popular com muitos de minha profissão. O movimento em meu consultório diminuiu porque os médicos não me encaminhavam pacientes (agora que sou pró-vida, estou novamente exilado pelo meio médico: ninguém fala comigo). No fim de 1972, sentia-me exausto e queria sair da clínica. Pedi demissão. Após uma breve disputa pelo poder, alguém assumiu o meu lugar.

Capítulo 10
O vetor da vida

Quando deixei a clínica e tornei-me chefe do serviço de obstetrícia do St. Luke's Hospital, tive pela primeira vez em anos um pouco de tempo e espaço para pensar. Estou certo de que não foi coincidência – a mão de Deus estava ali presente – que estivéssemos, naquela mesma época, adotando uma maravilhosa técnica no hospital: o ultrassom, que pela primeira vez abria uma janela para o útero. Começamos também a observar o coração fetal com monitores cardíacos. Pela primeira vez, me vi pensando sobre o que de fato estávamos fazendo na clínica. O ultrassom abria um novo mundo. Podíamos agora realmente ver o feto humano, medi-lo, observá-lo, assisti-lo, estabelecer uma verdadeira ligação com ele e amá-lo. Comecei a fazer isso. Imagens do ultrassom fetal têm um impacto incrivelmente forte no espectador. Um estudo do *New England Journal of Medicine* apresentou evidências do quão potente é essa tecnologia. Há cerca de dez anos, um artigo ali publicado registrou que, de dez mulheres que foram a uma clínica de abortos e viram-se expostas a fotos do feto antes do procedimento, apenas uma foi adiante. Nove deixaram a clínica grávidas, tamanha a força da ligação que ali se forma. Percebi que eu mesmo vinha formando laços com os nascituros.

Embora continuasse a realizá-lo pelo que me pareciam ser razões médicas justificadas, já não tinha certeza de que o aborto sob demanda fosse certo. Em 1974, sentei-me e escrevi um artigo para o *New England Journal of Medicine*. Não era um artigo pró-vida, mas nele expressei minhas dúvidas e medos quanto ao que vinha fazendo. Afirmei claramente que supervisionara mais de 60 mil mortes e disse que o feto é uma vida. Expressei que trata-se de uma classe especial de vida, mas que é vida ainda assim e, por isso, devemos ter reverência por ela.

Naquele mesmo artigo, levantei muitas questões indiretas sobre por que médicos que juravam preservar a vida realizavam abortos. Fiz perguntas, mas dei poucas ou nenhuma resposta. Teci a seguinte afirmação: «Já não há, na minha cabeça, muitas dúvidas de que a vida humana existe dentro do útero já desde os primeiros momentos da gestação, não obstante os consideráveis debates no passado acerca da natureza da vida intrauterina».

Esta é uma afirmação que hoje, vinte anos depois, deve ser corrigida por causa das novas informações que temos sobre a genética e das tecnologias de reprodução assistida. Se estivesse escrevendo hoje, teria de dizer que a vida humana começa ainda antes, com o complexo processo da fertilização – um milagre da química, da física e da biologia molecular que ocorre dentro da tuba uterina. Quando o óvulo fecundado, dividindo-se e começando a organizar-se, entra no útero, a vida já está em ação há pelo menos três dias.

Estou me adiantando, contudo. Naquele mesmo artigo de 1974, escrevi também:

A vida é um fenômeno interdependente para todos nós. Trata-se de um espectro contínuo que começa no útero e termina com a morte – as faixas do espectro são designadas por palavras como «feto», «bebê», «criança», «adolescente» e «adulto». Devemos – finalmente – encarar com coragem o fato de que a vida humana de uma classe especial está sendo tirada [no processo do aborto]; e, como a vasta maioria das gestações é levada a termo com sucesso, o aborto deve ser visto como a interrupção de um processo que de outra forma teria produzido um cidadão do mundo. Negar esta realidade é a espécie mais grotesca de ambiguidade moral.

Essas eram afirmações bastante modestas – não se poderia chamá-lo de um texto fanaticamente pró-vida –, mas desencadearam uma incrível resposta emocional. A reação àquele artigo, pelo que me disseram no *New England Journal of Medicine*, foi a maior que já tiveram – até hoje[1]. Eles receberam um dilúvio de respostas e, é claro, não se deram ao trabalho de abrir as cartas – enviaram todas para mim. O carteiro me entregou enormes sacos de cartas. Não se tratava de correspondência de fãs. Vinham de médicos que, quatro anos antes, haviam me censurado por ser um abortista, mas que tinham mudado de ideia agora que o aborto havia crescido e eles estavam ganhando dinheiro a torto e a direito. Fui soterrado de ofensas, ameaças e telefonemas. Recebi ameaças contra a minha vida e a de minha família. Pensei comigo mesmo: «Bem, realmente pus o dedo na ferida. Tenho de pensar sobre isso».

Continuei a realizar abortos ao longo de 1976. Fazia abortos e partos, mas cada vez mais sentia que a tensão

---

(1) «Hoje» refere-se a 1996, quando este livro foi publicado pela primeira vez. (N. do A.)

moral aumentava e tornava-se insuportável. Num dos andares do hospital, fazíamos partos e, em outro, abortos. Como o caso *Roe vs. Wade* não definira nenhuma restrição, podíamos fazer abortos até o nono mês, antes das primeiras dores do parto. No momento em que escrevo isto, há ao menos 15 mil abortos sendo feitos após a 21ª semana todo ano. Hoje, com 21 semanas, o bebê é considerado viável. Estes não podem nem ser chamados de abortos: são mesmo assassinatos de bebês prematuros. Em meados dos anos 1970, num andar eu colocava solução hipertônica numa gestante de 23 semanas enquanto, no outro, havia outra gestante de 23 semanas em trabalho de parto, cujo bebê eu tentaria salvar. As enfermeiras viam-se presas ao mesmo problema, ao mesmo dilema moral. O que estávamos fazendo ali: salvando bebês ou matando-os?

Finalmente restringi os abortos que fazia àqueles que a meu ver deveriam ser realizados por razões graves. Isso foi no final dos anos 1970. Incluí entre esses motivos graves o estupro e o incesto. Durante o período, escrevi um livro chamado *Aborting America*. Nele, listei várias condições clínicas que poderiam justificar o aborto. Pratiquei dois ou três abortos em 1978, e então em 1979 fiz o meu último. Havia chegado à conclusão de que não havia motivo para abortos em situação nenhuma; a pessoa no útero é um ser humano vivo, e não podíamos continuar declarando guerra aos mais indefesos dos seres humanos.

Depois que vi o ultrassom, já não pude continuar como antes. Todavia, essa «conversão» era um acontecimento puramente empírico. Aquela incrível tecnologia permitiu-nos aprender mais sobre o feto do que em quase toda a história da medicina até então. Para lhes dar uma ideia de sua imensa influência na prática obstétrica e em nosso conhecimento sobre o feto, dir-lhes-ei que há um enorme livro chamado *Index Medicus Cumulativo* que lista todos os artigos publicados em todas as revistas médicas do mundo. Na edição de 1969, sob o verbete «feto, fisiologia e anatomia do», havia cinco artigos na literatura mundial. Num passado assaz recente, não sabíamos quase nada sobre o feto; quando o aborto sob demanda foi liberado nos Estados Unidos, a medicina fetal essencialmente não existia. Em 1979, encontrávamos já 2800 artigos; em 1994, havia cerca de 5 mil. A tecnologia abriu-nos um novo mundo.

Embora escrevesse três décadas antes sobre algo pequeno demais para ser visto a olho nu, o dr. George W. Corner, o grande endocrinologista que pela primeira vez isolou e identificou a progesterona, hormônio feminino essencial ao crescimento e desenvolvimento do nascituro, pareceu dar-se conta de que era a natureza escondida do desenvolvimento humano que nos faz subestimá-lo de maneira tão trágica. Sua memorável descrição da fertilização, escrita nos anos 1940, merece ser citada:

> A fertilização de um óvulo pelo espermatozoide é uma das grandes maravilhas da natureza, um acontecimento em que fragmentos magnificamente pequenos de [...] vida são conduzidos por forças cósmicas à sua finalidade: o crescimento de um ser humano vivo. Como espetáculo, só pode ser comparado a um eclipse solar ou à erupção de um vulcão. Trata-se para nós, na realidade, do mais comum e próximo dos cataclismos naturais, e mesmo assim muito raramente é observado, pois ocorre num reino que a maioria das pessoas nunca vê – a região das coisas microscópicas.

Após minha exposição ao ultrassom, comecei a repensar a fase pré-natal da vida. Pouco a pouco, comecei a compreender que, há duzentos ou trezentos anos, a infância não era entendida como uma fase especial de nossas vidas e que, no século XVII, meninos de cinco anos de idade eram levados a trabalhar em fábricas. Não houve reconhecimento do fenômeno da infância ou de suas necessidades até os últimos cem anos. Adolescência, vida adulta e velhice – são todas elas faixas do contínuo espectro da vida. Quando comecei a estudar fetologia, finalmente dei-me conta de que os nove meses que precedem o nascimento são apenas outra faixa desse espectro.

Ironicamente, esses nove meses podem ser também os mais importantes. Nele os órgãos e o cérebro se formam, e experimentamos nossas primeiras impressões sensoriais. No útero, podemos já distinguir um tipo de música do outro. Já coloquei Mozart para tocar num gravador e aproximei-o de um útero de sete meses, ao que o bebê mexeu-se apenas um pouco; quando, porém, pus para tocar Van Halen, o bebê começou a pular sem parar. Os primeiros nove meses são um período de aprendizado, um período em que estamos nos organizando. Perturbar ou abortar uma vida nesse ponto é intolerável – é um crime. Não tenho nenhum receio de usar esta palavra: o aborto é um crime.

Qual é a posição moral do feto? Se considero o aborto um crime, isso vem de minha percepção de sua condição moral. Que condição moral é atribuída ao feto por aqueles que acreditam que o aborto é aceitável?

O cerne da questão, tal qual definido pela maior parte dos teóricos pró-aborto, está em se o embrião – ou, depois, o feto – deve ser considerado uma «pessoa». Para eles, é crucial mover o debate para esse campo, pois não há dúvida possível de que mesmo nas fases iniciais o embrião é um ser humano. Todo o seu código genético e todas as suas características são incontestavelmente humanos. Quanto à existência, não há dúvida de que existe, está vivo, se autodirige e não é o mesmo ser que a mãe – portanto, que é um todo único.

Desta forma, a existência da pessoa deve ser considerada crítica se se pretende que o aborto seja moral. O que, então, é uma pessoa?

Uma teoria popular é explicada por Bonnie Steinbok (que se apoia amplamente na obra de Joel Feinberg) em *Life Before Birth: The Moral and Legal Status of Embryos and Fetuses*. Ela adota a «visão do interesse», segundo a qual é a presença de interesses a condição necessária e suficiente – ou seja, só os seres que possuem direitos têm *status* moral. Trata-se de uma afirmação um tanto redundante, mas a deixemos de lado por um minuto, pois temos questões maiores a tratar. Essa teoria descarta sem cerimônias a ética da reverência pela vida de Albert Schweitzer, julgando-a confusa e pouco prática. Parte então para a ideia da «consciência de si» e, por conseguinte, da «pessoa». No pórtico dessa forma de pensar está o seguinte: «Apenas seres com interesses podem se opor a agentes morais. Os interesses são compostos por crenças, metas, preocupações. A mera vida biológica não imbui um ser de interesses. Seres permanentemente não sencientes e não conscientes não podem ter interesses. Sem interesses, não podem ter *status* moral».

Há graves falhas, entretanto, na definição do *status* moral como algo que requer a presença de interesses ou de autoconsciência. A falha básica está em que não há concordância geral sobre o que significa autoconsciência. Como diria Alisdair McIntyre: «Consciência de quem? Sobre o quê?».

Uma ideia implícita – e às vezes explícita – na teoria

da consciência diz que ela requer uma pessoa consciente e que esteja consciente da consciência de outra pessoa. Na prática, apenas aqueles que têm consciência de si estão em condições de atribuir este estado a outro ser, como um rei que concede o título de cavaleiro ao tocar o ombro do candidato com uma espada. Ainda em meados dos anos 1960, negros americanos eram considerados inaptos a serem admitidos como membros de pleno direito em clubes de campo, fraternidades ou organizações profissionais. Eram considerados inaptos por aqueles que consideravam a si mesmos aptos. Mas quem dissera que *estes* eram aptos?

Ouspensky, numa monumental obra sobre o assunto, teceu a descrição de sete camadas de consciência e indicou que a maior parte de nós passa a vida toda no terceiro ou quarto nível, que são relativamente primitivos; é apenas por meio de um enorme esforço mental ou por um toque divino que conseguimos ascender ao quinto nível de consciência. Visionários, profetas, gurus, santos e mártires vivem no sexto nível; ninguém nunca chegou a aproximar-se do sétimo.

Há algo de místico nisso? Talvez. Mas, antes que nos sintamos confortáveis demais com a fisiologia mais concreta e comumente aceita da autoconsciência, considerem o caso de Karen Quinlan. Ela permaneceu em estado vegetativo persistente por nove anos antes de falecer (sua amorosa família ajudou-a a atingir a eternidade); e, naqueles anos, os mais doutos neurologistas presumiram que seu córtex cerebral – a região em que se afirma residir nosso pensamento ou consciência – havia sido fatalmente destruído. Imaginem sua surpresa quando a autópsia revelou que o maior dano neurológico que havia sofrido não era de forma alguma no córtex, que estivera relativamente intacto. Teria ela, pois, estado consciente? Será que pensava? Como haveremos de saber?

Há uma imensa e controversa literatura a respeito da inteligência artificial que aborda a questão de se os supercomputadores têm ou podem ter capacidade de autoconsciência. Boa parte é cética quanto a isso. Gelernter, em *The Muse in the Machine*, obra eloquente e em certos momentos até lírica, afirma: «Poderíamos um dia construir um computador que nos pareça ter uma mente. Duvido, porém, de que o próprio computador seja capaz de acreditar nisso». No entanto, existe uma série de teorias igualmente poderosas que argumentam em favor da consciência do computador. Eu poderia descrever o debate longamente, mas de que adiantaria?

A essência do debate sobre a capacidade de pensar dos computadores está no fato de que ela é indefinível – tão indefinível quanto a controvérsia sobre a existência de Deus. A comunidade pró-vida não fica chapinhando em questionamentos esotéricos sobre o que constitui a pessoa e se a consciência de si é necessária para defini-la. Ela afirma muito simplesmente que somos todos seres humanos e que a pessoa não pode ser definida por nenhuma qualidade baseada em atributos físicos, em traços mentais ou em habilidades. É desnecessário dizer que nem todos são tão generosos ao reconhecer o direito à vida. O filósofo Michael Tooley, por exemplo, elaborou uma lista de catorze atributos que julga necessários para conceder a alguém o manto da «pessoalidade». Seriam eles: a capacidade de experimentar prazer/dor; a capacidade de ter desejos; a capacidade de recordar acontecimentos passados; a capacidade de nutrir expectativas em relação a acontecimentos futuros; consciência da passagem do tempo; uma consciência individual contínua, construída de forma mínima, como nada além de uma construção de estados mentais apropriados; uma consciência individual contínua, construída como ego puro; a capacidade de autoconsciência; estados mentais que demonstrem atitudes propositivas, como crenças e desejos; a capacidade de ter episódios de pensamento; a capacidade de raciocinar; a habilidade de resolver problemas; a capacidade de usar linguagem; e a habilidade de interagir com os outros.

Falando com toda a franqueza: não sei nem se eu, num dia ruim, preencheria requisitos tão rígidos para ser definido como pessoa. Se esses são os requisitos mínimos, estamos certamente falando de elevados critérios de admissão. Um feto vulnerável... sem chance! Como resumiu o próprio Tooley: «Se a linha de pensamento exposta acima estiver correta, nem o aborto nem o infanticídio – ao menos durante as primeiras semanas após o nascimento – são moralmente errados».

Outra teoria sobre o *status* moral do feto apoia-se na viabilidade, isto é, em quando ele pode existir fora do útero. Grobstein, em *Science and the Unborn: Choosing Human Futures*, sugere que o feto ganha peso moral e o direito de ser protegido no final da 26ª semana de gestação, uma vez que «isto está próximo do tempo de viabilidade estatisticamente significativa segundo a tecnologia de suporte de vida existente». De novo, trata-se de uma proposta lamentavelmente duvidosa: o tempo já a venceu. A viabilidade, no momento em que escrevo, está em 22 semanas... e vem caindo. Não é improvável que, com mais pesquisas sobre oxigenação extracorpórea por membrana e respiração líquida (o uso de oxigênio dissolvido em perfluorocarbono, que o feto pode respirar a fim de extrair oxigênio de forma bastante semelhante ao que fazem os peixes com suas brânquias), a viabilidade atinja vinte semanas no início do terceiro milênio. Grobstein tenta justificar suas apostas tecendo outras observações essencialmente gratuitas, entre elas a de que, embora as conexões tálamo-corticais do cérebro fetal já estejam estabelecidas com 22 semanas, apenas na trigésima semana ele demonstraria «sinais de maturidade» no EEG. Então, conclui com um velho axioma: «O maior impacto disso estaria em que o critério-chave para a definição do *status* seria antes a autoconsciência presumida do que a viabilidade».

Voltamos assim a Steinbok – embora Grobstein tenha a pretensão de ter uma argumentação mais grandiloquente e elevada.

Continuei a debater-me com a questão do *status* moral do feto e cheguei enfim a adotar uma ideia que é bastante diferente de todas essas que acabamos de discutir. Para mim, a teoria que mais convence de que o embrião, mesmo antes de sua implantação no útero, é um ser humano autônomo (embora dependente) com implicações morais é a «teoria do vetor da vida».

Eis a definição de «vetor» pelo dicionário *Webster's International Unabridged*: «Entidade complexa representativa de uma magnitude direcionada, como uma força ou velocidade, e representada por quaisquer sistemas de segmentos iguais e paralelos». Por vetor da vida, quero dizer, pois, as forças e velocidades da vida, dirigidas a um fim específico.

Já em 1971, o dr. M. Winnick reconhecia que a fase de crescimento mais acelerado, no que se refere ao peso e ao conteúdo proteico do embrião, se dava nos primeiros dezessete a dezenove dias após a fertilização. Após dezenove dias, o crescimento do organismo desacelera porque já não depende tanto da divisão celular (hiperplasia), e sim do crescimento das células individuais (hipertrofia). A fase final do crescimento humano envolve apenas a hipertrofia, *e esta fase persiste por toda a adolescência até chegar à vida adulta.* Desse ponto em diante, há menos hipertrofia (e nenhuma hiperplasia significativa, a menos que a pessoa seja azarada o bastante para estar incubando um tumor) e o crescimento, para todos os efeitos, cessa. De fato, na fase geriátrica de nossas vidas, as células encolhem e, como consequência, sofremos uma redução física drástica.

Some-se a esse tumulto biológico o elemento de organização – o fato de que essas células em rápida divisão sabem exatamente onde se posicionar. Trata-se de exércitos de células dirigidos por uma série de genes e sistemas de enzimas contidos no contexto cromossômico do embrião ainda não implantado, de forma muito semelhante aos genes Hox encontrados em animais inferiores e identificados positivamente como os orquestradores da montagem. J. M. W. Slack cunhou para isso o termo «mapa do destino». Com relação a essa fase, afirma: «O momento mais importante da sua vida não é o nascimento, o casamento ou a morte, mas a gastrulação» (para sermos justos: a gastrulação, separação da massa de células embrionárias em três camadas bem definidas, a partir das quais derivam todas as estruturas, órgãos, apêndices e outros fenômenos anatômicos, não começa senão treze ou catorze dias após a concepção. A preparação para esse acontecimento, entretanto, se dá desde aquele grandioso momento, na fase das quatro ou oito células, em que o controle das ocorrências genéticas passa das influências da mãe para o domínio exclusivo do embrião).

Desse modo, por trás do aparente caos da rápida divisão celular nas fases iniciais e da alocação inimaginavelmente precisa dessas células a seus postos designados, há um vetor da vida: uma direção e uma velocidade das forças vitais que são perfeitamente programadas, irresistivelmente lógicas e imutavelmente fixas no tempo e no espaço. Os críticos do teorema do vetor da vida gostam de apontar que nem sempre é assim: há abortos espontâneos que podem geralmente ser atribuídos a erros na divisão dos cromossomos; há malformações congênitas atribuídas à imprecisão no posicionamento de certas categorias de células; e há inclusive desaparecimento de embriões (estima-se que de um quarto à metade dos gêmeos desapareça à medida que a gestação avança). No entanto, apesar desses acidentes biológicos esporádicos, a maioria dos embriões consegue nascer como seres humanos intactos e perfeitamente formados, tendo surfado a crista do vetor da vida como um surfista sobre uma onda perfeita. O vetor está em sua posição mais positiva em nossos primeiros dias, mas muda insidiosamente para o polo negativo à medida que envelhecemos e, por fim, nos deparamos com a morte. Esse vetor biológico é a soma das forças e velocidades da vida num determinado momento e encontra-se em seu ponto mais glorioso (e mais misterioso) quando somos morfologicamente muito pequenos, nem sequer visíveis a olho nu.

Para resumir (os filósofos gemem quando ouvem esta expressão; não existe resumo, mas apenas uma repetição do argumento): temos duas posições gerais com relação ao *status* moral (leia-se posicionamento moral, respeito, interesses, exigências, direitos, peso etc.). Os critérios incertos e subjetivos já foram por nós discutidos – isto é, a consciência de si, a percepção de dor/prazer, a concessão de um *status* moral por parte daqueles que já o têm e a exclusão do status *moral* daqueles que os ungidos acreditam que não o devam ter. Tudo isso é escorregadio, impossível de quantificar e, em última análise, pouquíssimo confiável em virtude de sua subjetividade, arbitrariedade e capricho. Numa palavra, trata-se de algo aterrorizante.

Por outro lado, temos uma série quase ininterrupta de acontecimentos quantificáveis, nada duvidosos, cientificamente verificáveis e infinitamente reprodutíveis a marcar o início de uma nova vida humana: o processo magnificamente complexo da fecundação; a liberação do fator PAF quando o espermatozoide penetra o óvulo; a sutil mudança na estrutura da membrana de um ou dois dos primeiros blastômeros, determinando o começo do «mapa do destino»; a grandiosa mudança no controle dos acontecimentos embrionários, os quais passam do suporte materno à pura substância genética do embrião; a superação da fase do «bloqueio de duas células»; a produção pelo embrião em crescimento de outro sinalizador químico (a gonadotrofina coriônica humana, ou HCG), no estágio de oito a dezesseis células (sete a oito dias após a fecundação); o processo igualmente dramático da implantação; e, por fim, o onipresente vetor da vida.

Os embriões são criaturas dependentes. Os fetos também. E assim com todos nós: dependemos da bondade ou tolerância dos outros e de vários equipamentos biológicos e médicos (aparelhos auditivos, óculos, diálise, marca-passos – será preciso continuar?). Com certeza, a dependência não é uma medida da condição moral; se assim o fosse, ouso dizer que haveria talvez cerca de duzentas pessoas nos Estados Unidos que poderíamos declarar dotadas de plena capacidade moral.

De minha parte, por ter sido instruído nas ciências médicas e acreditar mais em dados empíricos reprodutíveis do que em teorias nebulosas e subjetivas, como a da autoconsciência e da pessoalidade, creio que o óvulo fecundado (zigoto) é um novo indivíduo lançado num vetor de vida inimaginavelmente complexo, que só tem fim quando gira 180 graus e chega ao polo negativo. Ao mesmo tempo, reconheço que a idealização do vetor, as forças em jogo para pô-lo em movimento e as sutis mudanças em sua direção são assuntos que estão além de nossa compreensão. Apenas quando atribuirmos Àquele que idealizou esse plano magnífico o crédito que, por decifrarmos pedacinhos desse projeto, reclamamos para nós mesmos é que atingiremos o *status* moral de que necessitamos para vivermos juntos em paz e harmonia – como Ele mesmo deseja que façamos.

Capítulo 11
O grito silencioso

Quando, no início dos anos 1970, o ultrassom me pôs diante da visão do embrião no útero, simplesmente perdi minha fé no aborto sob demanda. Não lutei para conservar minhas velhas convicções. Essa mudança foi, a seu modo, uma conversão limpa e cirúrgica. Sou, por natureza, uma pessoa que avalia os dados conflitantes, pesa os argumentos opostos com grande cuidado, toma uma decisão e, então, age de acordo com ela sem olhar para trás.

Por volta de 1984, no entanto, havia começado a levantar mais perguntas sobre o aborto: o que de fato acontece nele? Já havia feito vários, mas o aborto é um procedimento às cegas. O médico não vê o que está fazendo. Ele insere um instrumento no útero, liga um motor, um aspirador é acionado e suga algo; no fim, resta um montículo de carne num coletor de gaze. Eu queria saber o que acontecia, e por isso, em 1984, disse a um amigo que fazia quinze, ou talvez vinte, abortos por dia: «Ouça, Jay, faça-me um favor. No próximo sábado, quando estiver fazendo todos esses abortos, coloque um aparelho de ultrassom na mãe e grave para mim».

Ele o fez e, quando viu os filmes comigo num estúdio de edição, ficou tão afetado que nunca mais fez outro aborto. Embora eu já estivesse há cinco anos sem fazer um, fiquei sacudido até o fundo da alma pelo que vi. As gravações eram estarrecedoras. Algumas não eram de qualidade muito boa, mas selecionei a que era melhor e comecei a mostrá-la em encontros pró-vida pelo país (tive meu primeiro contato com o movimento pró-vida em 1981, quando Carolyn Gerster, então presidente do Comitê Nacional de Direito à Vida, entrou em contato comigo).

Na época, eu estava falando em encontros assim em todo o país, e a reação à gravação foi tão intensa e dramática que acabei sendo abordado por um homem chamado Don Smith, que queria transformar minha gravação em filme. Concordei que aquela seria uma boa ideia. Foi assim que foi feito *O grito silencioso*, obra que iria provocar imenso furor. Ele foi exibido pela primeira vez em Fort Lauderdale, Flórida, em 3 de janeiro de 1985. A reação foi instantânea. Todos ficamos em pé de guerra, pois *O grito silencioso* representava uma enorme ameaça às forças do aborto e aumentava a intensidade da guerra (não se trata de um debate de fato: não debatemos uns com os outros, mas gritamos). Pela primeira vez, nós tínhamos a tecnologia, enquanto eles não tinham nada.

O grito silencioso mostrava um feto de doze semanas sendo despedaçado no útero por uma combinação de sucção e esmagamento. A imagem era tão forte que os abortistas lançaram mão de seus maiores nomes para denunciar a fita. Com grande esperteza, desviaram o impacto do filme para um beco sem saída acadêmico: uma disputa sobre se o feto sente ou não sente dor durante o aborto. O gancho para o debate veio de um comentário do então presidente Ronald Reagan a respeito da dor que o feto sentiria (na verdade, o vídeo nunca mencionou o tema da dor fetal, e a mudança de foco da brutalidade nele exibida para essa discussão bastante insípida sobre a capacidade do feto de sentir dor foi uma estratégia notavelmente astuta do grupo adversário).

Lançavam-se argumentos em defesa de ambas as posições, até que surgiu um artigo bastante atualizado de K. J. S. Anand e seus colaboradores no Children's Hospital, da Harvard Medical School. Anand afirmava:

> Receptores sensoriais cutâneos [para a percepção da dor] surgem na área perioral [ao redor da boca] do feto humano na sétima semana de gestação; eles então espalham-se para o resto do feto: para a palma da mão e sola do pé por volta da décima primeira semana; para o tronco e partes proximais dos braços e pernas por volta da décima quinta semana; e para todas as superfícies cutâneas pela vigésima semana.

Anand afirma então que as conexões sinápticas entre as células receptoras da dor e o corno dorsal da medula espinhal aparecem por volta de seis semanas de gestação, mas que as células do corno dorsal da medula espinhal não começam a diferenciar-se em suas formas funcionais maduras até treze semanas, só estando completamente amadurecidas na trigésima. Do mesmo modo, afirma que o neocórtex fetal começa a se desenvolver com oito semanas de gestação e que, por volta de vinte semanas, cada hemisfério cerebral (direito e esquerdo) tem seu número completo de um bilhão de neurônios. Noutra seção desse profundo ensaio, Anand declara que um dos mais importantes neurotransmissores para a sensação de dor (chama-o de substância *P*) aparece nos gânglios dorsais e cornos dorsais da medula entre doze e dezesseis semanas de gestação. E continua: «Observou-se uma alta densidade de fibras e células produtoras de substância P numa área múltipla do tronco cerebral fetal, associada às vias de percepção e controle da dor e às reações viscerais à dor».

Anand está dizendo que o feto sente dor? Bem, sim e não. Certamente, o arcabouço fisiológico e as substâncias químicas para a percepção da dor estão presentes, mas a maturação desses sistemas traz uma reação cada vez mais sofisticada a essa percepção; se o feto é exposto a um estímulo doloroso (e é preciso levar em consideração que a quantificação da dor ainda é pouco compreendida, que a reação humana aos estímulos dolorosos é muito variável e que os sistemas de opioides endógenos que nos permitem controlar a dor percebida só começam a se desenvolver entre treze e quinze semanas), ele sem dúvida perceberá a dor. Todavia, a maneira como a entende, se se recordará do estímulo, se agirá de forma apropriada para mitigá-la – estes são assuntos que dependem de um sem-número de variáveis biológicas, algumas das quais ainda não foram identificadas ou são pouco compreendidas. Em suma, não há respostas satisfatórias. No fundo, o artigo de Anand, por mais esclarecedor e erudito que seja, não traz respostas à discussão sobre se o feto humano sente dor – e claramente não responde o que é uma «pessoa», quem tem «*status* moral», quem tem «interesses» e quando os tem.

Será que alguém que sente pouca ou nenhuma dor (um paciente sob anestesia, uma vítima de câncer submetida a uma rizotomia dorsal, um inválido crônico em uso de analgésicos potentes) teve sua pessoalidade diminuída? Meu pai desprezava todas as formas de anestesia dentária, ao passo que eu, como Oscar Wilde, preciso entrar no consultório do dentista sustentado pelos braços de duas freiras. Será que atingi maior grau de humanidade?

No entanto, o beco sem saída da dor fetal não foi a única tática dos abortistas quando lançado *O grito silencioso*. Eles insistiam em dizer que o vídeo havia sido manipulado. Vários editoriais nos acusaram disso. Por fim, enviamos a fita para a Escócia, aos cuidados do dr. Ian Donald, o homem que inventara o ultrassom e que era então bastante idoso. Disse ao dr. Donald que queríamos sua opinião honesta: a fita havia sido manipulada? Disse-lhe que o *New York Times* publicara vários editoriais dizendo que era falsa. Donald assistiu à fita e disse que era absolutamente genuína. Fez sobre isso uma declaração juramentada (que ainda tenho comigo). Perguntei também ao dr. Jay Kellinson, responsável pelo aborto, se o filme havia sido manipulado. «Não», respondeu. «Foi exatamente como vocês estão vendo». Apesar de todas as controvérsias, creio que *O grito silencioso* foi uma ferramenta poderosa. Não foi capaz de mudar a mentalidade dos legisladores, mas penso – e digo-o humildemente – que salvou a vida de alguns bebês. Ao menos espero que sim.

No momento em que escrevo isto, sou professor visitante do Centro de Pesquisa em Ética Médica da Universidade de Vanderbilt, onde estou realizando um mestrado em bioética, e ainda não estou satisfeito com as respostas banais e pouco edificantes a questões que me consomem. Já me perguntaram muitas vezes, durante minhas incontáveis palestras pelo mundo: «Doutor, se o senhor sabia que no útero havia um ser humano em crescimento, um bebê indefeso, e se sabia que o estava matando com as próprias mãos ou chefiando residentes treinados que o faziam, como, sendo um médico com um mínimo de consciência e ética, pôde aprovar esse ofício por todos esses anos?».

A resposta é complexa, enigmática e – receio – egoísta. Lembrem-se daquela época, se puderem: a guerra do Vietná estava em pleno auge, enquanto o movimento contracultural era tão forte que forçou o país a sair da guerra e criou um vácuo moral e político de antiautoritarismo, algo tão potente que ameaçou os próprios pilares da república. Não havia um fator moral contrário na balança. Na realidade, sabíamos muito pouco sobre o feto e nunca o víamos, exceto como carne macerada e desmembrada ou como um bebê recém-nascido. Por conseguinte, a penosa situação das mulheres que engravidavam contra a própria vontade e só tinham como perspectiva um aborto ilegal e perigoso dominava nosso pensamento.

Uma das pessoas com quem discuti este tema é um filósofo que lida com aquilo que é percebido por meio dos sentidos e da experiência imediata, em vez do pensamento ou da intuição. Propus-lhe a questão de forma bem franca: as explicações todas não seriam apenas disfarces para um mecanismo de negação, para a falta de vontade de encarar a monstruosidade do que havíamos feito?

Ele respondeu que minha pergunta era ao menos em parte fenomenológica: testávamos a paciente para saber se estava grávida e sabíamos sem dúvida que assim estava, que havia um ser humano vivo dentro dela; então, destruíamos esse ser humano deliberadamente e sem remorsos. No entanto, provavelmente nos tínhamos deparado com o mesmo dilema fenomenológico que enfrentaram os primeiros anatomistas do século xv antes de Vesalius[1]. Um deles, Vigegano, o primeiro a publicar um texto ilustrado de anatomia depois de dissecar o corpo humano, persistia desenhando coisas que não poderia ter visto. Des-

---

(1) Andreas Vesalius (1514-1564), tido como «pai da anatomia moderna». (N. do E.)

creveu e desenhou meticulosamente um fígado de cinco lobos, mesmo quando sabemos que o fígado só tem quatro. Vigegano assim o fez porque via o corpo humano – mesmo aberto à sua frente, para uma pesquisa objetiva e desinteressada – por meio das lentes de Galeno (138-201 d.C.), filósofo grego cujas práticas e teorias anatômicas e terapêuticas prevaleceram em todo o mundo ocidental até o século XVIII.

Os anatomistas do século XV ainda estavam tão embevecidos pela autoridade de Galeno que rejeitavam a evidência empírica que obtinham de seus próprios sentidos. Na dissecção do corpo humano, viam o que Galeno (que nunca dissecara ninguém) esperaria que vissem. De forma um tanto parecida, talvez nossa incapacidade de compreender o que estávamos fazendo no movimento abortista esteja no que Kuhn descreveu como «revisão de paradigma». Trata-se da incapacidade ou resistência do cientista em associar a descoberta com a teoria: víamos os restos de tecido obtidos do procedimento que acabávamos de realizar, mas mesmo assim não queríamos, ou não podíamos, abandonar o velho paradigma e afirmar o novo – o de que havíamos de fato acabado de destruir uma vida humana.

Vejo-me assim forçado a acrescentar que, embora tivéssemos um monte (mesmo!) de dados empíricos atestando o fato de que um ser humano vivo havia sido destruído no ato do aborto, não foi senão com o advento da tecnologia do ultrassom que uma verdadeira mudança de paradigma ocorreu. Com o ultrassom, podíamos não apenas saber que o feto era um organismo em funcionamento, mas também medir suas funções vitais, estimar confiavelmente sua idade e peso, vê-lo engolir e urinar, observá-lo em seu estado de vigília e de sono, bem como assistir a como se movimentava com a mesma intencionalidade de um recém-nascido.

Há outra maneira de diferenciar o certo do errado. «Bem-aventurados os que não viram e creram». No entanto, não tínhamos isso. Sem o valor desconcertante de uma evidência empírica irresistível, e sem o impacto emocional direto que talvez não possa ser produzido senão pela visão de um bebê humano, nenhum de nós tinha a sólida estrutura interior de uma força espiritual capaz de recordar-nos da enormidade do mal que estávamos perpetrando.

Foi neste ponto que eu, tendo sido confrontado com essa revolução empírica, com essa quantidade cada vez maior de dados novos, comecei o doloroso processo de mudar minha opinião quanto à aceitabilidade do aborto. Havia finalmente aceitado a mudança de paradigma.

Em conversas com muitos de meus primeiros recrutas, observei certa hesitação, certa relutância em discutir o tema do aborto; muitos daqueles médicos que outrora estiveram tão ansiosos por participar daquela destruição em série hoje expressam um arrependimento tácito, uma constelação de dúvidas com relação aos acontecimentos do início dos anos 1970 naquela clínica. Não é que sejam publicamente pró-vida como eu sou há quinze anos; no entanto, a certeza moral já não está mais lá. Alguns já não fazem mais abortos por causa dessas dúvidas.

Capítulo 12
Para os tanatórios

Donald Stoner, o residente que se matara em 1957 e, com isso, possibilitara que eu me tornasse chefe dos residentes no Woman's Hospital, era um californiano que viera para o leste com a esposa muitos anos antes. Tratava-se de um rapaz inteligente e introspectivo, mas que tivera um caso com uma das residentes do programa. Havia também o rumor de que estivera simultaneamente envolvido num caso homossexual com outro residente. Como lhe era característico, Stoner não deu nenhum sinal de que estivesse infeliz ou deprimido. Matou-se de maneira sinistramente profética: deitou-se em sua maca, escreveu uma breve nota para o legista de Nova York explicando que medicamentos estava usando (não deixou nenhuma outra nota) e, então, pôs uma infusão intravenosa em sua veia. A infusão continha pentotal sódico, barbitúrico de ação rápida amplamente utilizado por anestesistas a fim de colocar seus pacientes para dormir antes de cirurgias. Depois, instalou no sistema de infusão uma segunda solução contendo uma dose maciça de curare, droga que paralisa todos os músculos do corpo (inclusive o diafragma e a musculatura respiratória), e a conectou a um temporizador, de modo que estivesse completamente adormecido quando a segunda infusão começasse a correr por suas veias.

Esse método de suicídio foi copiado ou modificado por muitos dos que defendem que se matem ativamente os pacientes terminais. O dr. Jack Kevorkian começou a utilizar um sistema muito semelhante ao de Stoner, mas, em vez de curare, empregava cloreto de potássio, uma droga igualmente letal. Kevorkian é um patologista aposentado, e os patologistas lidam principalmente com gente morta.

No momento em que escrevo, Kevorkian está de novo a todo vapor, tendo já ajudado a matar mais de vinte pessoas, em geral descritas como gente «gravemente doente». O que esse bom médico considera grave? Bem... Herpes, uma infecção viral sem maiores consequências, geralmente transmitida por contato sexual e sem nenhuma importância clínica a menos que se torne ativa numa mulher em trabalho de parto, caso em que *pode* ser transmitida para o recém-nascido, que *pode* sofrer danos cerebrais graves. Outra de suas pacientes parecia estar com dor por causa de uma artrite generalizada. Em vez de usar medidas temporárias, como analgésicos (por exemplo: aspirina ou ibuprofeno), o bom médico decidiu audazmente chegar à «raiz» do problema (a vida) e ajudou-a a alcançar alívio no outro mundo, recorrendo para isso a medidas carinhosas, como a inalação de monóxido de carbono e outras modalidades de grande complexidade técnica e refinamento científico, como um saco de plástico em volta da cabeça.

A carta de Maimônides sobre os cuidados com a saúde enviada a Al-Afdal, filho do califa do Cairo, e que fora escrita em resposta às queixas do nobre a respeito de diversos achaques corporais e emocionais, incluindo constipação, indigestão, «maus pensamentos», ansiedade geral e medo da morte, dava-lhe uma extensa lista de recomendações e proibições: proibia-lhe as trufas; alertava contra o alho, grão-de-bico e pão não fermentado; censurava bolos, aves aquáticas, pombos e tâmaras; e aconselhava ao menos um banho por semana. Teria sido tão mais simples e direto aconselhar o rapaz a encontrar um local confortável e cobrir a cabeça com um saco plástico bem ajustado!

Tudo consiste em algo indelevelmente triste e sórdido: uma vez que nos *pensamos* capazes de criar vida em laboratório (na realidade, tudo o que fazemos é colocar as peças em contato umas com as outras e mensurar o milagre), acreditamos que podemos *tirá-la* de forma igualmente racional e empírica. Que habilidade dialética não se faz necessária para acreditar em tamanha tolice! Ironicamente, estamos agora começando a compreender que o fim da vida também consiste numa série de milagres: junto com a dor e com o esgotamento das energias nas fases finais da doença, há a liberação no sangue de uma classe de substâncias chamadas endorfinas, espécie de opioide (substância da família da morfina) que nos acalma, alivia a dor e até mesmo nos permite exultar na consciência de que o dom da vida nos fora concedido de empréstimo e agora está sendo pedido de volta. Não é de mais monóxido de carbono e sacos plásticos que precisamos, mas de um grande projeto dedicado ao estudo do fim da vida, algo tão completo e científico como o estudo de seu princípio. Somente por meio de um estudo desses podemos começar a compreender a inefável simetria do arco da vida, o que está muito além do alcance do homem, que tenta duplicá-lo por meio de esforços desajeitados. Penso que apenas um Deus amoroso poderia projetar uma trajetória tão perfeita e cheia de significado.

Gente como Jack Kevorkian, organizações como a Planned Parenthood e estados como o Oregon (e quaisquer outros tão eticamente desfavorecidos que acabam por aprovar o suicídio assistido) encontrar-se-ão em algum ponto triste no fluxo da história. Baseando-me principalmente em minha experiência com uma espécie parecida de excesso pagão, prevejo empreendedores montando enfermarias pequenas e discretas para aqueles que foram convencidos, coagidos ou medicamente enganados a pedir a morte. As enfermarias (os dispendiosos especialistas em publicidade sem dúvida cunharão um termo muito mais artístico e eufemístico: talvez «tanatórios», ou mesmo «infusórios») terão equipes de jovens com olhos brilhantes, vestidos com roupas muito brancas e repletos de solicitude e eloquência. Esses «conselheiros» terão a desvantagem de não terem eles mesmos passado por aquela experiência (em minha clínica de abortos, todas as «conselheiras» tinham de ter abortado ao menos uma vez para poderem candidatar-se ao emprego), mas vão mais do que compensar essa pequena deficiência com sua compaixão corporativa e seus modos impecáveis. E haverá médicos e enfermeiras: a escória habitual de médicos fracassados, desajustados, alcoólatras, viciados em drogas e sexualmente pervertidos que herdei quando assumi minha clínica de abortos 26 anos atrás (logo me livrei deles e os substituí por médicos tecnicamente competentes e com grande reconhecimento, sem vícios mais repreensíveis do que certa venalidade colegial que os unia, um humanismo de benignidade mortalmente sufocante e uma ambição tão colossal que reduzia a nada toda e qualquer consideração puramente médica, que dirá filosófica).

As «salas de procedimento» do tanatório serão assépticas, mas enfeitadas com artigos artificiais projetados para criar um ambiente familiar como o das «salas de parto» das unidades de obstetrícia de todo o país: falsos relógios antigos nas paredes, colchas com tecido xadrez e réplicas de móveis americanos antigos, tão claramente falsos que parecem uma ópera-bufa. Esta, no entanto, será apenas a primeira fase. À medida que os tanatórios crescerem e se expandirem em redes e franquias, os contadores acabarão por assumir o comando, cortando despesas graças ao crescimento da concorrência. A versão final simplificada, eficiente e economicamente impecável dos tanatórios parecer-se-á muito com os processos de linha de montagem em que as clínicas de abortos se transformaram e – se descermos ainda mais a ladeira – com os fornos de Auschwitz.

Também não se pode dizer que o fenômeno ficará restrito às fronteiras dos Estados Unidos. Robert Latimer, fazendeiro canadense da província de Saskatchewan, assassinou em novembro de 1994 sua filha de doze anos que sofria de paralisia cerebral. Um tribunal canadense o considerou culpado de homicídio em segundo grau, sentenciando-o à prisão perpétua, com possibilidade de condicional em dez anos. Como era de se prever, Marilynne Seguin, diretora executiva da Dying with Dignity (grupo de ativistas que defendem o suicídio assistido), declarou que toda a família Latimer vivera sob uma terrível sentença durante os doze anos da vida da filha e que ela (Seguin) considerava a sentença de mais dez anos de punição inconcebível. Quando pediram um comentário sobre o assunto a Eike Kluge, professor de bioética na Universidade de Victoria, na Colúmbia Britânica, este opinou que a morte ativa de jovens com deficiências poderia ser descriminalizada «sob condições cuidadosamente controladas». É agora razoavelmente certo que, quando a Câmara dos Comuns do Canadá se reunir neste ano, um dos primeiros itens de sua agenda será derrubar leis que hoje proíbam a prática do suicídio assistido, ou mesmo a eutanásia ativa[1].

Como médico atuante há 35 anos, ainda estou para ver alguém morrer com a «dignidade» chique que o grupo de Seguin defende. Há muito pouca dignidade na pobre e ignorante alma que se debate enquanto é sufocada com um saco de plástico na cabeça. A morte é em si mesma um ato natural, em que há uma dignidade perfeita que não necessita de nossa ajuda; Deus, em sua sabedoria, determinou que nossas vidas terminassem de diversas maneiras, e cada uma delas – não importa o quão desorganizada ou confusa nos possa parecer – é tão inerentemente digna quanto as outras.

O livro *A solução final*, de Derek Humphry, lista cerca de uma dezena de receitas para uma morte digna por meio da ingestão de medicamentos. Pergunto-me se ele chegou a ver o paciente fatalmente drogado em seus momentos derradeiros: a ruidosa respiração de Cheyne-Stokes[2] que acompanha a tentativa de preservar a respiração; a saliva escorrendo do canto da boca enquanto os momentos finais se aproximam; as convulsões induzidas em algumas vítimas como ato final da morte «digna»; os estertores; a liberação dos esfíncteres com a eliminação de fezes, gás e

---

(1) As leis a que se faz referência aqui não foram derrubadas na época, e o suicídio assistido ainda é ilegal no Canadá. Em junho de 2012, no entanto, a Suprema Corte da Colúmbia Britânica derrubou essa lei no caso de deficiências graves. No momento desta edição, o advogado geral do Canadá recorreu da decisão. (N. do A.)

(2) Padrão de respiração irregular e involuntária que alterna momentos de pausa respiratória com acessos de inspiração e expiração de intensidade crescente. Em geral, é vista em pacientes que perderam o controle voluntário da respiração por sedação profunda ou lesão neurológica. (N. do T.)

urina; ou a meticulosa oclusão dos orifícios corporais depois que a morte «digna» aconteceu, a fim de garantir que mais nenhuma secreção corporal escape para contaminar o ar e ofuscar o elevado tom moral do ato.

Em 1986, na Flórida, onde Patricia Rosier sofria de um câncer de pulmão metastático, ela e seu marido, Peter – um respeitado e competente médico –, planejaram uma morte repleta de dignidade: fizeram uma última refeição em família, ela se despediu de seus dois filhos adolescentes e, então, recolheu-se e ingeriu silenciosamente vinte cápsulas de Seconal (um barbitúrico). Seu marido continuou a conversar com ela até que perdeu a consciência. No entanto, logo algo deu terrivelmente errado: ela tinha uma resistência incomum aos barbitúricos, e o marido teve de facilitar sua passagem ajudando-a com uma dose dupla de morfina. Tratava-se, em todos os aspectos, de uma mulher bastante forte e com uma formidável vontade de viver. Então, todo aquele triste fiasco começou a tomar o aspecto de uma tragicomédia: seu padrasto, Vincent Delman, se esgueirou neste cenário patético ao perceber, tarde demais, que nem o Seconal nem a morfina haviam feito o trabalho direito. De maneira misericordiosa e presumivelmente com grande dignidade, sufocou-a em seguida com um travesseiro.

Ora, temos aqui o cenário ideal para uma morte digna, deliberada e cuidadosamente planejada: uma mulher disposta e moribunda, um marido zeloso (e patologista, de modo que devia conhecer mais sobre os aspectos técnicos da morte do que se praticasse qualquer outra especialidade da medicina) e uma família que a apoiava. Não obstante, apesar de todo aquele conhecimento técnico, daquela disposição e daquela boa vontade, a pobre mulher teve de morrer como Desdêmona, embora nem de perto com a mesma eloquência.

Por outro lado, os contadores estão à nossa espera como sempre, armados até os dentes com alegações tendenciosas, apregoando que os custos se reduziriam se fossem praticados ativamente os protocolos, as instituições e a eliminação de «medidas fúteis» (voltaremos a esta expressão em breve). Em fevereiro de 1994, Emanuel & Emanuel publicaram, na Harvard Medical School, uma revisão completa da literatura mundial sobre esses temas e chegaram à seguinte conclusão:

> Nenhuma das economias individuais associadas a protocolos, a instituições ou à eliminação de medidas fúteis em relação ao fim da vida são definitivas. No entanto, todas apontam na mesma direção: a economia suscitada por mudanças de conduta nesse âmbito não parece ser substancial. O valor que se poderia economizar reduzindo o uso de intervenções agressivas de manutenção da vida para pacientes moribundos representa no máximo 3,3% dos gastos totais do sistema nacional de saúde.

É nisso que dão os aspectos práticos da economia da morte. A abordagem utilitarista de problemas bioéticos complexos que hoje domina os debates do sistema de saúde cai de cara no chão, ao menos nessa área crítica.

Quanto à «futilidade» médica, há dois sentidos em que este termo é geralmente utilizado: para indicar as intervenções sem efeito físico no paciente, as quais vêm descritas como «fisiologicamente fúteis», isto é, como algo incapaz de causar o efeito buscado por quem as instaura; e no intuito de assinalar as intervenções que têm valor demonstrável, mas que as partes desinteressadas afirmam que não trarão benefícios ao paciente. Isso é normalmente descrito em círculos bioéticos como «futilidade normativa», mas na verdade trata-se de um juízo de valor.

Por exemplo, certa vida inconsciente será prolongada por um ventilador, mas o valor dessa vida pode tornar-se tema de discussão. E isso nos leva ao arrepiante e tempestuoso debate entre os grandes pensadores da área acerca do «valor da vida».

Nesse clima explosivo, os intelectualmente ungidos estão ocupados em tentar «operacionalizar» a qualidade de vida. Em suma, há um movimento organizado entre os burocratas da bioética para desenvolver uma fórmula para o que chamam de «quals», isto é, uma unidade que quantifica o valor de uma vida. Começaram a fazê-lo atribuindo valores ao paciente de acordo com o que ele sente, com o quão limitado se encontra por conta da doença, com o quão bem age na vida cotidiana, com quanta dor está sofrendo, e com o quão deprimido ou infeliz se sente em consequência da enfermidade. Cada item é avaliado segundo sua importância para o enfermo, e ao final os valores são somados.

Uma forma alternativa de calcular os «quals» consiste em encorajar os pacientes a expressarem a utilidade que atribuem à perda ou ao ganho de alguma função ou habilidade específica – a assim chamada «abordagem do risco padrão». Nesse sistema, podem-se fazer perguntas como: «de quantos anos de sua vida você estaria disposto a abrir mão para viver o resto da vida como paciente ambulatorial?»; «que risco de morte você aceitaria?»; «do que abriria mão para evitar esse estado?». (Algumas doenças e incapacidades são teoricamente piores do que a morte.) O resultado do paciente pode então ser calculado de acordo com suas respostas.

Isso é aterrorizante o suficiente para vocês? Pois bem,

os economistas *também* mergulharam seus remos nesse rio Estige. Eles lançaram um projeto inocentemente intitulado «análise de custo-utilidade», o qual consiste numa variação das análises de custo-benefício. Esqueçam a justiça e a autonomia: fiquemos com o utilitarismo puro. Aqui, a utilidade é medida segundo os benefícios que se obtêm de cada dólar investido no cuidado com a saúde, isto é, a partir de quantos anos de vida («quals») podemos recuperar investindo num novo aparelho. Por exemplo, se o uso de um novo medicamento para pressão alta causa dores de cabeça, letargia ou disfunção sexual, isso tende a diminuir os anos de vida em termos de qualidade; por isso, o cálculo de um ano funcional com esse medicamento terá apenas 359 dias em vez de 365. Ou, para colocá-lo nos rígidos termos matemáticos que os economistas tanto amam, considerem esta fórmula:

$$\frac{\text{dólares}}{\text{anos qualidade de vida (ajustados)}}$$

Como exemplo concreto, se o novo medicamento para hipertensão de que falamos acrescenta seis anos à vida da população de pacientes, mas torna os homens impotentes e dá fortes dores de cabeça às mulheres, então será necessário ajustar para baixo o benefício calculado (isto é, 4,3 ou 3,9 anos, a depender de quanto peso a população de pacientes atribui a esses efeitos colaterais). Com base nesse cálculo, será tomada uma decisão (sempre se usa a voz passiva nestes momentos, a fim de que a gramática proteja os culpados) sobre se o novo medicamento pode ou deve ser usado. Por favor, entendam que até hoje nenhuma decisão importante foi feita usando esse método nos Estados Unidos, mas trata-se de uma prática comum na Grã-Bretanha.

Por acaso vocês estão se contorcendo ao imaginar que uma fria fórmula matemática pode determinar a vida e a morte de um doente? Estão se perguntando onde está a decisão de cada um, onde se encontra o médico para defender o paciente?

Pois bem.

Bem-vindos ao terceiro milênio.

Capítulo 13
Nada perdido

Em 1987, quinze anos depois que deixei o Centro de Saúde Reprodutiva e Sexual (o vulgo Women's Services, cujo objetivo era ser a maior clínica de abortos do Ocidente), recebi pelo correio uma mensagem anônima:

10/09/87
Prezado dr. Nathanson,

Escrevo-lhe porque sei que mudou de ideia sobre o aborto desde que trabalhei para o senhor em sua clínica da rua 73, no início dos anos 1970. Sou católico romano e sei que estou pecando, mas ainda acredito firmemente que as mulheres devem ter seus direitos reprodutivos. No entanto, o que está acontecendo agora na clínica onde trabalho causa repugnância até em *mim*. Dão-se muitos procedimentos de segundo trimestre aqui, e sei que recentemente o senhor fez um documentário [*O eclipse da razão*] sobre isso. O que o senhor não sabe, contudo, é que agora andam discutindo com alguns empresários a respeito da venda do tecido e das partes. Ouvi-os por acaso debatendo o assunto na semana passada, e estão inclusive cobrando mais pelo tecido cerebral do que por braços, pernas e outras partes.

Como disse, acredito que as mulheres devem ter o controle de seus próprios corpos e que por isso o aborto é legal e moralmente correto, embora saiba o que a Igreja diz. No entanto, creio que vender partes seja errado. Não posso dizer-lhe onde trabalho pois seria despedido e preciso do trabalho. Além disso, realmente acredito que estou servindo às mulheres. No entanto, isto está indo *longe demais*.

P.S.: O senhor sempre foi um chefe bom e justo, bem como um homem honesto; então, embora discorde do senhor agora [quanto ao tema do aborto], ainda o respeito.

A carta tinha o carimbo do correio de Nova York, e a palavra «pessoal» vinha rabiscada no verso do envelope; alguém, em algum lugar, tinha, às apalpadelas e de maneira rudimentar, percebido aquele primeiro escorregão na escadaria (claramente gasta) que desce até o inferno.

Na edição de novembro de 1992 do geralmente bem avaliado *New England Journal of Medicine*, foi publicada uma série de artigos científicos provenientes da Universidade de Yale, da Universidade McGill, do Centro de Ciências da Saúde da Universidade do Colorado e do Hospital Universitário de Lund, Suécia, afirmando que o tecido nervoso de fetos humanos havia sido utilizado com sucesso para abrandar o mal de Parkinson. No tratamento, o tecido fetal era transplantado para os cérebros de pacientes com a doença. Como era de prever, isso provocou uma enorme onda de esperança nas vítimas dessa doença e em seus familiares (há no momento um milhão de pacientes afetados por esse mal só nos Estados Unidos) e um acalorado debate sobre a aceitabilidade moral do uso de tecido humano como meio de tratar a doença de outros. O que não foi amplamente divulgado é que o estudo incluía apenas treze pacientes – um grupo tão pequeno que quase merece o termo «anedótico». Não obstante, os pesquisadores concluíram, com base nesse minúsculo recorte, que mais experimentos com o uso de tecido fetal eram não apenas justificáveis, mas moralmente obrigatórios. Nos três anos seguintes, não houve relatos na literatura médica geral sobre a evolução do tratamento desses pacientes, nem registros de mais pesquisas na área.

A ausência de acompanhamento desses e outros pacientes semelhantes faz lembrar, infelizmente, o afobado interesse criado por Madrazo *et al.* depois de seus artigos sobre transplante de tecido nos cérebros de pacientes com Parkinson. Embora houvesse melhora inicial em seus sintomas, ao fim de um ano quase todos os pacientes haviam voltado a seu estado de «estátua viva». Muitos neurologistas acreditam que as melhoras temporárias são causadas não por alguma propriedade especial do tecido transplantado, mas pelo trauma e recuperação da operação em si. As feridas das agulhas injetoras estimulam temporariamente a produção do neurotransmissor dopamina (substância em falta na doença de Parkinson) pelo tecido e células cerebrais em cicatrização, criando a ilusão temporária de uma «cura».

A história da medicina está cheia dessas «curas milagrosas» seguidas de grandes decepções; em minha própria especialidade (ginecologia e obstetrícia), a gravíssima situação frequentemente chamada de «toxemia gravídica» já é conhecida desde o tempo de Hipócrates. Artigos brilhantes relatando sucesso no tratamento dessa doença potencialmente fatal (para a mãe e o feto) já incluíram «terapias racionais» como a mastectomia, ooforectomia (remoção dos ovários maternos), decapsulação do rim materno, trepanação (abertura de um orifício no crânio da mãe) e alinhamento da mulher com o campo magnético da terra, com a cabeça apontando para o polo norte. A cura da tuberculose pelo «toque» de um rei evoluiu para o que Ryan, em *Forgotten Plague*, descreve como uma «cerimônia de vastas proporções». Quando Carlos II da Inglaterra estava exilado na Holanda, seu toque era tão procurado que vários doentes foram pisoteados até a morte no tumulto para tocá-lo. Curiosamente, Samuel Johnson, homem de impressionante estatura intelectual, foi um dos últimos doentes a serem «tocados» pela rainha Ana.

A história do uso de transplantes de tecido fetal para curar doenças de adultos é longa e notavelmente ignóbil. Talvez a narração mais completa dessa história possa ser encontrada na enciclopédica obra de Peter McCullagh. Em 1910, Shattuck relatou o transplante experimental de ossos fetais de coelho em humanos (resultando num grande fracasso). Em 1928, Fischera transplantou tecido pancreático de três fetos humanos num rapaz de dezoito anos com diabetes, mas o receptor morreu três dias depois de coma diabético. Em 1935, Selle publicou uma série de artigos que descreviam sua tentativa de reverter o diabetes em cães pancreatectomizados usando transplante de fragmentos de pâncreas fetal humano, e nesse mesmo ano Willis relatou experimentos com o transplante do tecido cerebral de fetos humanos em ratos. Após sucessivos fracassos, essa linha de pesquisa foi relegada à lata de lixo da medicina por muitos anos.

No final dos anos 1970, entretanto, pesquisadores patrocinados por empresas particulares começaram a descrever o uso de tecido fetal para o tratamento do diabetes precoce em adultos. Muitos dos experimentos foram financiados pela Fundação Kroc, que era, por sua vez, patrocinada pela rede de lanchonetes McDonald's. O resultado desses experimentos foi de novo frustrante, e em 1986 a Fundação Kroc acabou por ser extinta, enquanto parte significativa dos fundos restantes foi distribuída a outros pesquisadores no campo da experimentação com tecido fetal.

Quando se utilizam os tecidos de outrem para suprir a função deficiente dos próprios órgãos, o tecido fetal se mostra muito desejável, uma vez que provoca um mínimo de reações de rejeição no receptor. No caso do transplante de tecido cerebral fetal em pacientes com doença de Parkinson, o *Medical Letter on Drugs and Therapeutics* tinha isto a dizer em 1993:

> Não se relataram complicações graves, e alguns estudos sugerem que o tecido transplantado ainda estava em funcionamento um ano ou mais depois (G.V. Sawle *et al.*, *Ann Neurology*, 1992, 31, pág. 166). A melhora dos sintomas, entretanto, não foi uniforme – entre sintomas, entre pacientes e entre centros – e mostrou-se frequentemente marginal; em geral, esses pacientes ainda apresentavam *sinais importantes de parkinsonismo, e nenhum tornou-se assintomático* [grifo nosso]. Muitas questões permanecem em aberto com relação a essa técnica.

Não obstante, os defensores da experimentação com tecido fetal continuam a insistir não somente em seu potencial para curar o Parkinson, mas no tratamento de uma multiplicidade de outras doenças neurológicas para as quais não há hoje tratamento satisfatório: derrames, paraplegia, mal de Alzheimer, esclerose múltipla, paralisia cerebral etc., além do diabetes. Já em 1985, o dr. Kevin J. Lafferty, da Universidade do Colorado, transplantou tecido pancreático fetal em três adultos diabéticos com resultados uniformemente negativos, e não vimos avanços significativos nos últimos dez anos.

Além disso, parece agora claro que essa tecnologia exige tecidos de um feto recém-abortado. No caso do diabetes, o feto deve ser abortado entre catorze e vinte semanas para que o tecido pancreático obtido seja adequado e funcional. Há aproximadamente 1,4 milhão de diabéticos dependentes de insulina nos Estados Unidos, fazendo-se necessário o tecido de oito fetos para substituir o pâncreas deficiente de um adulto diabético. Desse modo, precisaríamos abortar 11,2 milhões de fetos anualmente, no estágio de catorze a vinte semanas, para tratar todos os diabéticos dependentes de insulina no país. Hoje, abortamos aproximadamente 120 mil fetos por ano nessa fase gestacional; de onde virão os mais de 11 milhões de outros fetos a serem sacrificados para esse propósito?

No caso do tratamento de doenças neurológicas, há, como já se indicou, aproximadamente um milhão de pacientes com mal de Parkinson neste país. Além disso, há ao menos um milhão de pacientes com mal de Alzheimer, um milhão com paralisia cerebral, milhões de vítimas de derrames e paraplégicos, além de 250 mil a 300 mil vítimas de esclerose múltipla. Por conseguinte, temos entre quatro a cinco milhões de pacientes que poderiam aguardar terapia com tecido fetal para suas afecções neurológicas. Em tese, para obter tecido cerebral e neurológico adequado para cada paciente, precisamos abortar quatro fetos entre nove e doze semanas, mas 10% a 20% do tecido obtido tem de ser descartado por ter sido contaminado por bactérias; desse modo, em termos práticos, precisamos abortar *cinco* fetos entre nove e doze semanas a fim de tratar cada vítima de doença neurológica com essa tecnologia. Em suma, seria necessário abortar de 15 a 20 milhões de bebês entre nove e doze semanas para obter tecido suficiente para tratar essa lista de espera aparentemente interminável. Hoje em dia, abortamos aproximadamente oitocentos mil bebês por ano nessa fase gestacional; de onde virão os outros cerca de 14 milhões a 19 milhões de fetos? E, com o advento da RU-486 (a pílula do aborto), provavelmente 50% das mulheres optarão pelo aborto medicamentoso. Esses fetos já estão mortos quando são expelidos e não têm utilidade para o uso em transplantes. Assim, devemos dobrar todos os números citados assim que o RU-486 se tornar de uso comum.

A resposta, é claro, é tão simples quanto repugnante: seremos forçados a comprar e importar quantidades inimagináveis de tecido fetal humano do terceiro mundo. Empresários dos Estados Unidos (e também da Europa Ocidental) acorrerão à África, ao subcontinente indiano e à América Central e do Sul a fim de encorajar as mulheres a engravidarem três ou quatro vezes por ano com o único propósito de venderem seu tecido fetal. A venda de tecido humano é proibida nos Estados Unidos, mas essas delicadezas não são observadas em muitos países subdesenvolvidos. Mesmo que a importação desse tipo de tecido para nosso país *fosse* proibida, pode-se ter certeza de que o desespero econômico e médico por si só bastaria para encorajar uma enorme operação de contrabando. Mesmo hoje, não somos capazes de manter centenas de milhares de toneladas de cocaína fora deste país, para não mencionar as centenas de milhares de imigrantes ilegais. Já em abril de 1993, a Clínica Sansum anunciou que planejava importar tecido fetal da Rússia. Infelizmente, os detalhes financeiros da transação proposta não foram revelados.

Com relação à economia e aos potenciais lucros dessa tecnologia, levem em consideração que implantar o tecido cerebral fetal no cérebro de um paciente com mal de Parkinson não consiste apenas em enfiar uma agulha no crânio do paciente e injetar as células. Primeiro, os pacientes devem ser avaliados (os médicos, enfermeiras e técnicos de laboratório necessários para essa fase da operação são todos bem pagos). Depois, devem ser realizados os abortos (cinco para cada paciente à espera do transplante), e é claro que os aborteiros e funcionários das clínicas são pagos por seus serviços. O tecido é então imediatamente resfriado por um técnico (também pago) junto à mesa do aborto e, em seguida, transportado a um laboratório adequado, onde outro técnico examinará todo o tecido fetal sob o microscópio a fim de joeirar os neurônios fetais adequados ao transplante (esse técnico é especialmente bem pago, já que trata-se de um trabalho crítico e tedioso). No próximo passo, o tecido é processado e disposto para o transplante em si (outra operação dispendiosa). Nesse ínterim, o paciente também vai sendo preparado para a operação por médicos, enfermeiros, técnicos de enfermagem, funcionários de hotelaria, assistentes sociais e psicólogos para ele e sua família – todos itens caros no orçamento. Então se pode proceder ao transplante propriamente dito, em que se faz necessária uma tomografia (técnica especial e muito custosa de raios X), um neurocirurgião (eles não são baratos), enfermeiras especialmente treinadas e técnicos de raio X (talvez a parte mais cara da tecnologia), com um anestesista também envolvido no procedimento (mais dólares). Posteriormente, o paciente é levado a uma área de recuperação a fim de receber os cuidados de enfermeiros e médicos especializados em reconhecer os efeitos adversos do procedimento e lidar com eles (de novo, mais dólares). Por fim, o paciente deve ser observado no curto e longo prazos para que se avalie a eficácia do procedimento e o surgimento de quaisquer efeitos colaterais tardios (mudanças de personalidade, hemorragia cerebral, infecção no cérebro etc.), novamente com um gasto substancial de recursos. O paciente também pode necessitar de um segundo transplante caso o primeiro não atinja a minúscula região designada, e aí toda a conta começa de novo. Quanto custaria *um* procedimento destes? Arrisquem 50 mil dólares, e então multipliquem-nos pelos cinco milhões (número de possíveis candidatos a um transplante de tecido nervoso fetal) que estão na lista de espera: chega-se a 250 bilhões de dólares. Ainda nem começamos a discutir os aspectos econômicos do transplante pancreático fetal em diabéticos; do transplante de medula e fígado usando tecido de fetos; ou do transplante feto a feto, *in utero*, de células-tronco para os geneticamente destinados a sofrer de síndrome de Hurler (doença do tecido conjuntivo), anemia falciforme e uma miríade de outras doenças genéticas que poderiam ser tratadas com transplantes de células-tronco de um feto para outro. Será essa uma alocação adequada de nossos limitados recursos – sobretudo em vista da eficácia duvidosa dessa tecnologia?

Claramente não, mas, ainda assim, há um forte incentivo para aprovar o procedimento. Com todos os envolvidos no processo – do aborteiro ao assistente social – tendo lucro, é ridículo acreditar que uma proibição da «comercialização» do tecido fetal iria: a) subtrair do uso desta tecnologia a motivação do lucro; b) reduzir a demanda por esta tecnologia; e, de um só golpe, c) eliminar as restrições éticas dessa tecnologia – se o tecido não pode ser comprado ou vendido, então claramente tratar-se-ia de um procedimento eticamente aceitável (será que o aborto é eticamente mais aceitável se o aborteiro ou a clínica abrem mão do pagamento?).

Se precisamos de 12 milhões de cadáveres de fetos entre catorze e vinte semanas para tratar, com transplantes de pâncreas fetal, todos os diabéticos dependentes de insulina neste país, então por que desperdiçar o restante dos fetos – afinal, removemos apenas um pequeno órgão para esse procedimento. Quem guarda tem. Por que não transplantar pele fetal em queimados – ou cabelo fetal em carecas? (Não há regra nenhuma que nos obrigue a restringir a terapia com transplantes fetais *apenas* aos doentes e incapacitados.) Por que não dar àqueles com diminuição da libido um transplante de gônadas fetais? E que tal dentes fetais para os desdentados? Por que não utilizar como rotina o transplante de um órgão fetal novo e fresco para um órgão adulto que envelhece? Por fim, restariam, após a retirada dos órgãos, milhões e milhões de quilos de carcaças fetais: músculo, cartilagem e tecido conjuntivo. Por que não empregar essa fonte inimaginavelmente rica de proteínas e outros nutrientes para alimentar os sem--teto, para alimentar as sofridas vítimas da fome no terceiro mundo (de onde a maior parte viera) – com certeza, isso não seria canibalismo, uma vez que os defensores do direito ao aborto insistem em afirmar que o feto não é uma pessoa ou um ser humano vivo. Decerto, tratar-se-ia de um uso mais moralmente convincente do tecido fetal do que, digamos, a reposição capilar; e, com as evidências atuais de que dispomos a respeito do tecido dos fetos, isso seria muito mais eficaz em prevenir a desnutrição do que, aparentemente, em curar doenças.

Os benefícios reais, ou ao menos substanciais e únicos, vindos da pesquisa ou terapia com tecidos fetais são improváveis o bastante para gerar desconfiança com relação às motivações de seus defensores. Sim, como já se observou, há dinheiro envolvido, assim como há dinheiro sendo ganho com outros procedimentos médicos caros e de alta tecnologia, mas eficácia duvidosa. No entanto, será que isso é suficiente para explicar a insistência numa conduta tão intrinsecamente horripilante? Trata-se de uma conduta tão horripilante, na verdade, que se pode suspeitar de que o horror seja parte de sua motivação – o horror ou, ao menos, a emoção de quebrar mais um tabu. Haverá desejo do grotesco?

É impossível separar o tema do aborto do uso do tecido obtido por ele. Se médicos alemães tivessem recolhido órgãos e tecidos vitais dos seis milhões de judeus vítimas do Holocausto e os utilizado para salvar soldados alemães gravemente feridos, este efeito benéfico em nenhuma medida teria mitigado o horror ou desculpado os assassinatos. Entre agosto de 1942 e maio de 1943, alguns prisioneiros do campo de concentração de Dachau foram mergulhados num tanque de água gelada a fim de prover dados sobre a hipotermia que seriam potencialmente úteis no planejamento de roupas e equipamento para soldados alemães em temperaturas extremas. Os «objetos de pesquisa» foram mantidos por sete horas na água gelada, e um terço morreu durante o experimento. De 1943 a 1945, o dr. Josef Mengele conduziu experimentos em gêmeos, anões e prisioneiros com outras anomalias genéticas diversas, e uma quantidade considerável de dados foi obtida com esses experimentos. Deixando de lado o modelo científico dos experimentos (na maior parte, lamentavelmente falho) e o valor e confiabilidade das conclusões obtidas (frágeis, na melhor das hipóteses; na pior, não confiáveis), a maneira como os experimentos foram conduzidos e os dados foram coletados mostrava-se tão má que o bom senso proíbe a utilização dessas informações. Com efeito, em março de 1988, Lee Thomas, chefe da Environmental Protection Agency, proibiu que ela empregasse num relatório sobre determinado gás tóxico quaisquer dados que os nazistas tivessem obtido em experimentos com prisioneiros dos campos de concentração.

Por outro lado, em todos os artigos científicos que lidam com a eficácia do transplante de tecido fetal, o aborteiro é sempre listado como coautor.

E mais: não há dúvidas de que o uso médico de tecidos fetais provocaria aumento no número de abortos. Mesmo pondo de lado a possibilidade muito verossímil de haver «fazendas de fetos» no terceiro mundo, minha experiência – baseada em 75 mil abortos – é a de que uma grande quantidade de gestantes ainda hesita mesmo à porta das clínicas de aborto (isso explica o sucesso que os ativistas de rua têm em afastar tantas mulheres dali). Se as conselheiras dessas clínicas pudessem usar o argumento do altruísmo («Este aborto não será em vão: vamos providenciar para que os tecidos deste feto sirvam para salvar outras vidas»), certamente o número de mulheres que consentem no procedimento cresceria.

O ser humano é um fim, e *não* apenas um meio. O fato de que o tecido fetal poderia ser usado para o bem em pesquisas, ou mesmo para salvar vidas humanas, não muda esse princípio fundamental da lei judaico-cristã.

Há uma lei em Nova York que proíbe um criminoso de lucrar com seu crime: o lucro que possa ter com a venda de um livro sobre o crime em questão, por exemplo, é revertido para o tribunal e, por fim, para a família da vítima. Em suma, o autor do delito abre mão de todos os direitos ao lucro proveniente desse delito mesmo, e é por isso que uma mãe não pode vender seu feto abortado. Todavia, isso não seria impedimento para outros benefícios econômicos disfarçados como parte do procedimento (assim como ocorre com adoções em esquema de «livre mercado» hoje em dia). Do mesmo modo, a proibição de vender ou comercializar tecidos não santifica a tecnologia *a priori*; há outros interesses em jogo aqui, como, por exemplo, a concepção de uma criança com o simples propósito de abortá-la e obter órgãos vitais para transplante em outro filho da mesma mãe. Não se trata, de fato, de uma situação sem precedentes. Para citar apenas um exemplo, há o caso Ayala, na Califórnia, em que um casal de meia-idade com um filho morrendo de leucemia concebeu outra criança com o único propósito de colher a medula óssea do recém-nascido a fim de transplantá-la no filho doente. O plano funcionou.

O tecido cerebral do feto é primitivo e relativamente indiferenciado. Não é irracional sugerir a ideia de que transplantes desse tecido em cérebros adultos podem proliferar, criando uma segunda mente dentro do cérebro original. Essa possibilidade é tanto admitida quanto defendida pelos apoiadores do procedimento, como Mahowald: «É melhor viver, ainda que seja com a identidade de outra pessoa (ou identidade parcial ou múltipla), do que não viver de forma alguma. A vida [...] é o valor mais fundamental, do qual a própria identidade depende».

Nesse caso, por que não trilhar caminhos mais promissores e menos perturbadores do ponto de vista ético para promover esse dogma essencialmente utilitarista? Um novo medicamento, Deprenyl, parece ser muito promissor no tratamento do Parkinson. Foi originalmente desenvolvido na Hungria dos anos 1960 como antidepressivo: age inibindo a ação no cérebro de uma enzima que quebra a dopamina (a qual está em falta no Parkinson). Testes iniciais foram, para dizer o mínimo, promissores. Além disso, o fator neurotrófico derivado das células da glia (GDNF) foi agora identificado como tônico que pode reverter a história natural das doenças neurodegenerativas; essa substância parece muito promissora no tratamento da doença de Parkinson. O dr. Latinen, na Suécia, tem destruído neurônios hiperativos numa minúscula área do cérebro chamada globo pálido e afirma ter taxas de sucesso da ordem de 80% a 90% no tratamento de Parkinson.

O dr. Roger Gosden, pesquisador da Universidade de Edimburgo, na Escócia, anunciou em 1994 que havia extraído ovários de fetos de rato e transplantado-os em ratos adultos, provando que os óvulos do ovário fetal podiam ser fertilizados e evoluir para ratos normais. Indicou, além disso, que não via barreiras significativas para realizar o mesmo truque biológico em humanos – por exemplo, utilizando ovários fetais de fetos abortados como fonte de óvulos para o procedimento de fertilização *in vitro* (ele previu que essa tecnologia seria viável em três anos). Num editorial da *Fertility and Sterility*, Shushan e Schenker, de Tel Aviv, deram entusiasmado apoio a essa ideia grotesca. Todavia, mesmo a ala ultraprogressista da comunidade bioética americana reagiu com revolta e preocupação. O advogado George Annas, especialista em ética pela Universidade de Boston, alguém que costuma mostrar-se aberto às ideias mais insensíveis, bradou: «A ideia é tão grotesca que chega a ser inacreditável!», e ainda: «Tudo bem querer ter um filho, mas para tudo há limites!».

Onde está essa gente? De onde vem?

Capítulo 14
Aborto e violência

Acabo de ler um livro sobre o conflito do aborto que talvez seja o relato mais profundo, equilibrado e judicioso que já se escreveu até hoje sobre essa luta. Refiro-me a *Antes de começar o tiroteio*, de James Davison Hunter, professor de sociologia da Universidade da Virgínia que estuda a guerra cultural ao redor do tema.

No entanto, o tiroteio já começou, infelizmente. A lista de vítimas (estou excluindo os 30 milhões de serezinhos exterminados nas salas de aborto) tem início com o assassinato, a tiros, do dr. Michael Gunn por Michael Griffin em Pensacola, Flórida, no mês de março de 1993; continua com o atentado – também a tiros – contra o dr. George Tiller em Wichita, Kansas, em agosto de 1993[1] (ele foi ferido nos dois braços); e passa inexoravelmente aos assassinatos do dr. John Britton, abortista de outra clí-

---

(1) Em 31 de maio de 2009, o doutor George Tiller foi baleado e morto por Scott Roeder enquanto participava de uma cerimônia numa igreja em Wichita, Kansas. (N. do A.)

nica de Pensacola, e James H. Barrett, coronel aposentado da Força Aérea que estava servindo como acompanhante voluntário das mulheres que davam entrada no Pensacola Ladies Center com o propósito de abortar. A esposa de Barrett, June, de 68 anos de idade, também foi ferida com a espingarda de calibre doze que foi disparada na ocasião. A lista de fatalidades aumenta com o assassinato a tiros do dr. Garson Romalis, ginecologista que trabalhava em uma clínica de abortos em Vancouver. O dr. Romalis não foi baleado em sua clínica, mas pela janela de sua casa; ainda não está claro se foi de obra de um ativista antiaborto, embora dois importantes grupos antiaborto tenham condenado o atentado com veemência. Por fim, o aprendiz de cabeleireiro John Salvi III, jovem de 22 anos emocionalmente volátil e aparentemente confuso, matou a tiros dois funcionários em duas clínicas de abortos em Massachusetts e feriu outros cinco; então, apareceu no dia seguinte em Norfolk, Virgínia, onde começou a disparar contra a clínica de abortos Hillcrest. Felizmente ninguém foi ferido ou morto neste último ataque.

Além disso, houve mais de cem casos documentados de incêndio criminoso, bombardeamento e outros ataques potencialmente letais contra os prédios dessas clínicas nos últimos vinte anos.

Será que esta é a lista completa? Será que as mortes cessarão, agora todos esses criminosos foram condenados?

Infelizmente, a resposta é não: as mortes provavelmente não cessarão.

Em maio de 1993, recebi a cópia de uma carta endereçada ao presidente Bill Clinton. Fora escrita por um certo Dennis Drew, de Chicago, e postada em 14 de maio de 1993. A missiva começa da seguinte forma:

Caro presidente Clinton:

Matarei o senhor se esta for a única maneira de impedi-lo de matar *pessoal* [sublinhado no original] e iminentemente um feto viável no estado de Nova York – que não tem leis feticidas –, caso esse feto tenha a possibilidade de nascer vivo sem qualquer risco significativo para a mãe.

A carta prolonga-se em tom patético e bastante incoerente por três páginas. Há, entretanto, uma parte que chama a atenção:

Se o governo federal não levar em conta minha ameaça e, *mesmo assim*, ninguém tomar nenhuma atitude legal para dar fim à mortandade de bebês viáveis que poderiam facilmente nascer vivos, terei de fazer o papel de Michael Griffin [o assassino do dr. Gunn]. Não matarei pessoa alguma. Nem sequer utilizarei uma arma. Quiçá «coloque um rojão no bolso de alguém». Quiçá tenha de quebrar o braço de algum abortista em Nova York. Desculpe.

Não denunciei essa carta de ameaça às autoridades pois, de acordo com o sr. Drew, outras cópias haviam sido enviadas ao *New York Post*, ao «ACLJ» (provavelmente o ACLU) e a «outros duzentos luminares». Não obstante, ela foi causa de significativa preocupação.

Quando recebi um exemplar da edição de outubro de 1994 da revista *The Progressive*, reconheci novamente as ensandecidas e virulentas paixões que a polêmica do aborto é capaz de provocar no campo da guerra cultural. Havia um artigo intitulado «Os antiabortistas e os defensores da supremacia branca estão do mesmo lado», de Loretta J. Ross, diretora de pesquisa do programa nacional do Centro para a Renovação Democrática, que se define como «um centro de informações e esclarecimento sobre grupos de ódio e violência causada por intolerância». A revista é flagrantemente favorável ao aborto, e o artigo coloca Randall Terry, ex-diretor da Operation Rescue [organização antiaborto que atua na Califórnia e no Kansas], no mesmo nível de figuras que beiram à loucura, como Paul Hill, Michael Griffin e líderes de grupos extremistas, como a KKK, a Nação Ariana e a American Front (grupo de neonazistas *skinheads* sediado em Portland). A própria comparação é um pouco insana: conheço Randall Terry bastante bem – bem o suficiente para respeitar suas motivações e saber que trata-se de uma pessoa espiritual e profundamente dedicada, bem como comprometida de corpo e alma com a paz.

No entanto, o que me chamou a atenção no artigo foi a seguinte passagem:

> O Partido Patriota Branco, formado pelos que outrora foram os cavaleiros confederados da KKK, publicou uma ameaça de morte contra o dr. Bernard Nathanson em junho de 1985, num jornal chamado *Confederate Leader*: «Em 19 de maio, na cidade de Siler City, Carolina do Norte, o judeu e rei do aborto Bernard Nathanson, de Nova York, foi julgado, condenado e sentenciado à forca por um juiz e júri justo e imparcial [*sic*] dos Patriotas Brancos. Nathanson foi condenado por 55 mil acusações de assassinato em primeiro grau, traição contra os Estados Unidos da América e conspiração para cometer genocídio contra a Raça Branca».

As comunicações do Partido Patriota Branco estavam evidentemente limitadas a sinais de fumaça (na época, eu já estava do lado pró-vida do conflito do aborto havia pelo menos cinco anos), ou então eram o grupo mais petulantemente impiedoso desde Tomás de Torquemada e seu desvairado sucessor, Diego Deza. De todo modo, as autoridades informam-me de que, apesar de minhas modestas contribuições à causa pró-vida, a sentença de morte ainda é tristemente proeminente nas assim chamadas mentes dos Patriotas Brancos.

Desde a polêmica da escravidão e o surgimento do movimento abolicionista, não existiu guerra cultural tão comparativamente volátil neste país. Pouco antes da Guerra Civil, houve também algumas décadas de incidentes cada vez mais frequentes e violentas. E, embora o lado escravagista tenha chegado às vias de fato, à medida que o conflito pré-guerra evoluía – incluindo o linchamento do jornalista e pastor abolicionista Elijah P. Lovejoy, em 1837, e o espancamento quase fatal de Charles Sumner por Preston Brooks em pleno Senado, em 1856 –, foram os abolicionistas fanáticos que muitas vezes iniciaram a violência, desde as duas tentativas do pastor unitarista Thomas Wentworth Higginson de libertar à força escravos fugitivos do poder federal, em 1851 e 1854, até o ataque letal de John Brown num vilarejo escravagista próximo ao rio Pottawatomie, no Kansas, e seu ataque suicida contra um arsenal federal em Harpers Ferry, Virgínia, em 1859, que culminou na morte de dois de seus filhos e em seu próprio enforcamento seis meses depois.

Esses célebres incidentes são apenas uma fração dos múltiplos casos de violência ocorridos quando do conflito sobre a escravidão. Muitos poderiam ser atribuídos a fanáticos bem-intencionados como Brown, os quais estavam alheios à razão e ao debate racional; outros foram obra de pessoas sem interesse pessoal no tema da escravidão, mas que foram aparentemente levadas à violência pelo *zeitgeist*.

Embora haja muitas diferenças superficiais entre as questões do aborto e da escravidão, no epicentro dessas lutas há um tema comum a ambas: a definição, em termos morais, do que é um ser humano, bem como a série de direitos naturais que acompanha esse *status*.

No caso da escravidão, o assunto chegou a um ponto crítico e insuportável em 1857, com a decisão do caso *Dred Scott* pela Suprema Corte, que declarou que os negros eram propriedade, e não humanos. Roger B. Taney, o magistrado que escreveu a opinião da maioria, declarou que, escravos ou livres, os negros não podiam ser cidadãos dos Estados Unidos e, por conseguinte, não tinham direitos perante à Corte. E mais: «Os negros são tão inferiores que não têm direitos que um homem branco seja obrigado a respeitar». Então o escravo era comparado a uma mera propriedade, como uma mula ou um cavalo.

Taney, ao tentar excluir o assunto do debate político, restringiu radicalmente as possibilidades de acordos ou discussão. Ele praticamente ditou os debates entre Lincoln e Douglas e pode ter tornado a guerra inevitável.

Será que estamos trilhando a mesma estrada sangrenta no conflito do aborto? Há sinais desanimadores de que sim, e em boa parte por causa de uma falha muito concreta em nossa política – uma falha que faz paralelo com o caso *Dred Scott* e suas consequências.

Assim como o *Dred Scott*, o caso *Roe vs. Wade*, que, apesar de pequenas prevaricações, foi repetidamente confirmado pela Corte, tentou retirar a decisão do aborto da esfera política e, assim, conseguiu radicalizar o debate, desencorajando acordos, meias medidas políticas, ou mesmo uma saudável discussão. Em particular, negou às forças pró-vida as ferramentas convencionais da política. A declaração de que o aborto era, para todos os efeitos práticos, um direito constitucional inalienável deixou o movimento pró-vida incapaz de trabalhar nas trincheiras políticas em nível estadual ou de pressionar o Congresso por restrições legais. Restaram-lhe apenas duas opções, uma delas bastante ilusória.

Politicamente, seria possível conseguir uma emenda constitucional proibindo o aborto. No entanto, como alguns membros mais pragmáticos do movimento pró-vida já cansaram de apontar, a Emenda da Vida Humana, como é conhecida, é um exercício de futilidade quixotesca. Na ausência de um consenso moral nacional sobre o assunto, trata-se simplesmente de um passo grande demais para ser o primeiro. Um Estados Unidos capaz de aprovar uma emenda pró-vida não precisaria de uma; um Estados Unidos que precisa de uma não tem possibilidades de aprová-la.

Este é o limite da política comum. A outra alternativa que parecia aberta ao movimento pró-vida consistia em lançar uma guerra de consciência, educar, aconselhar e protestar de forma não violenta contra o horror, até que a nação fosse levada a refletir. Enquanto isso, se os manifestantes, conselheiros, educadores e panfleteiros não fossem capazes de comover imediatamente a nação, poderiam ao menos salvar do monstro mães e crianças individuais. Afinal, reduzir o número de abortos é um objetivo que todas as partes nesse debate ao menos afirmam ter em comum. Mesmo o então governador Clinton, em campanha para a presidência, comprometeu-se a tornar o aborto «seguro, legal e *raro*».

Nos últimos anos, entretanto, o caminho do protesto pacífico, do aconselhamento e da educação ficou também cada vez mais estreito.

Temos na Casa Branca um presidente[2] ao estilo de James Buchanan, que reconhece que o horror deveria ao menos ser reduzido, mas que está tão endividado politicamente com o lado pró-aborto que, desde aquele solitário «raro» dito em debate, nunca chegou a assumir qualquer responsabilidade quanto ao assunto. O Congresso não quer saber nem de debater o tema, embora tenha sido finalmente forçado a uma módica e refrescante franqueza durante os debates sobre os abortos por nascimento parcial[3]. Com relação à mídia, com o risco de parecer que estou me queixando por interesse pessoal, nem *O grito silencioso* nem *O eclipse da razão*, meu segundo documentário (sobre os abortos tardios), chegaram a ser exibidos nas redes de televisão. As redes também se recusaram a permitir que grupos pró-vida comprem tempo para transmitir até mesmo as mais inócuas propagandas pró-vida, isto é, que nem sequer mencionam o aborto, mas simplesmente celebram a escolha da vida.

Ainda mais desastrosa, no entanto, foi a campanha judicial e extrajudicial para proibir os protestos, ou até mesmo os discursos, pró-vida. A Lei de Liberdade de Acesso às Entradas de Clínicas não foi feita, como afirmam alguns, para coibir a violência, mas para silenciar protestos pacíficos e coibir ou eliminar o «aconselhamento de calçada», a tentativa (muitas vezes bem-sucedida) de informar às gestantes que vão às clínicas de abortos sobre a verdade do que estão prestes a fazer e oferecer-lhes toda a ajuda necessária caso decidam ficar com seus bebês.

---

(2) Trata-se de uma referência a Bill Clinton, que era presidente dos Estados Unidos quando este livro foi escrito (N. do A.)

(3) Forma de aborto em que se procede à dilatação do colo uterino e o feto é extraído inteiro. (N. do T.)

Essa é uma política insana, que só pode levar ao aumento da violência contra as clínicas, e não à sua redução. Não foram os manifestantes pacíficos, a oposição legítima, os responsáveis pela violência: Michael Griffin e Paul Hill eram fanáticos à beira da loucura que não praticavam um verdadeiro aconselhamento de calçada, que não haviam pensado no assunto com calma; antes, agiram de maneira solitária, impulsiva e violenta. É como se todo o movimento abolicionista fosse manchado pela imagem extremista de John Brown, em vez de identificar-se com as razoáveis vozes de oposição de grandes nomes como Wendell Phillips, John Greenleaf Whittier e Theodore Parker; ou como se todos os manifestantes pelos direitos civis fossem comparados aos Panteras Negras e os manifestantes contra a guerra do Vietnã, relacionados exclusivamente aos extremistas que explodiram o laboratório da Universidade de Wisconsin, matando um pesquisador. Cada vez mais, fanáticos, ativistas de pavio curto e visionários que não enxergam formas legítimas de protesto voltar-se-ão inevitavelmente para a violência como último recurso, encorajados pela autoridade de figuras como o famoso Pe. David Trosh, que afirmou publicamente que assassinar aborteiros é um «homicídio justificável». Para um fanático que caminha nos limites da sanidade, afirmações irresponsáveis como essa são suficientes para provocar um mergulho no terreno obscuro e sangrento da demência social e política.

Em outras palavras: a guerra cultural é uma panela cheia de água colocada em fogo alto. Normalmente, há saídas de ação política e protestos pacíficos por meio das quais o vapor pode escapar. No entanto, alguém bloqueou as válvulas de escape e esqueceu de apagar o fogo. A panela inevitavelmente explodirá como uma granada, espalhando cacos de metal e vidro por toda a vizinhança – e alguém irá se machucar. Foi precisamente isso o que levou ao clímax da Guerra Civil, e parece que neste momento estamos trilhando um caminho idêntico.

Hunter ofereceu algumas sugestões razoáveis para tentar conter o conflito, incluindo a ideia de que, se descermos o escalão em que a decisão é feita (por exemplo, do federal para o estadual), o debate poderia tornar-se mais focado, específico e menos intratável. A democracia funciona muito bem em escala pequena.

A abordagem de Hunter está em franco contraste com a de pseudointelectuais como Lawrence Tribe e Roger Rosenblatt, que escreveram livros amplamente divulgados afirmando representar o caminho da moderação. Cada um pretende abordar o aborto de modo inteiramente aberto (eu gostaria de ter recebido um centavo toda vez que o nome de Tribe apareceu nos tribunais como especialista, sempre a favor de *Roe vs. Wade*) e com um desconcertante sorriso de: «Quem? Eu?»; ambos são pateticamente claros em seu viés pró-aborto. No entanto, o maior problema com pensadores como Tribe e Rosenblatt está em que nenhum esteve na arena do aborto – tanto realizando-o quanto, do outro lado, protestando. O maior erro que cometem é presumir ingenuamente que todo mundo é tão secular e tão razoável quanto eles. Não compreendem a profundidade da adesão à causa, sobretudo do lado pró-vida (que ambos encaram com um nada disfarçado desprezo). As convicções pró-vida nascem e têm suas raízes em valores judaico-cristãos tradicionais, na Bíblia e no elevado conceito da alma imortal. É um erro crasso subestimar a força quase irresistível da fonte dessa convicção pró-vida – tão crasso quanto achar que o fato de a Suprema Corte dos Estados Unidos ter declarado o aborto legal o torna também moral. A exemplo dos abolicionistas do século XIX, os membros do movimento pró-vida encaram a decisão da Suprema Corte com grande desdém.

Nos últimos quinze anos, ao longo das viagens pelos Estados Unidos em que falava sobre o aborto e temas relacionados, eu era recebido por um ou mais membros da organização pró-vida local que me haviam convidado para suas respectivas cidades. Algumas vezes, chegava a se tratar de uma pequena delegação de membros – mas, nos aeroportos do centro-oeste, eu invariavelmente via, na periferia dos comitês de boas-vindas, um homem de meia-idade e estatura mediana vestindo um chapéu bege de marinheiro, enfeitado com propagandas pró-vida na forma de broches, adesivos e carimbos.

Ignorei-o nas primeiras vezes em que o vi – exceto para dizer um mecânico «olá» acompanhado de um aperto de mão igualmente mecânico –, mas notei que ele aparecia em praticamente todas as principais convenções pró-vida nas quais eu era o principal palestrante.

Quando o encontrei pela terceira ou quarta vez, puxei-o de lado e questionei-lhe por que usava aquele chapéu curioso, com todas aquelas coisas escritas. Ele sorriu e, então, explicou que era o «Andy Pró-Vida», um ex-militar da Força Aérea.

Perguntei qual era seu nome *verdadeiro*, e ele respondeu que seu nome real *era* «Andy Pró-Vida»; havia-o alterado legalmente (de Charles Anderson). Começou então a desabotoar sua camisa, arregaçar as mangas e levantar as pernas da calça: vi uma infinidade de *slogans* pró-vida tatuados em praticamente toda a superfície visível de sua pele! Identificou-se como um testamento ambulante à causa pró-vida; dedicara toda a sua vida a ela depois de ter deixado a Força Aérea, muitos anos antes, e lamentava apenas não poder fazer mais pela causa.

Andy é um exemplo incomum, mas não isolado, da paixão e convicção aparentemente ilimitadas que o tema provoca. Em minhas viagens, encontrei incontáveis homens e mulheres que abandonaram carreiras promissoras na indústria, na educação, no serviço social e na teologia para trabalhar em tempo integral com o tema do aborto. São todos loucos? São todos fanáticos alucinados que não ficarão satisfeitos enquanto não balearem um aborteiro ou bombardearem uma clínica? Não, não e não. São os apoiadores de uma causa que está tão próxima do centro de suas crenças religiosas, de seus centros morais e éticos, que o assunto os consome – mas em geral de maneira não violenta.

A resistência à injustiça pode assumir muitas formas. Henry David Thoreau escreveu o seguinte em seu monumental tratado da *Desobediência civil*:

> Há leis injustas. Contentar-nos-emos em obedecê-las? Arriscar-nos-emos a ajustá-las, obedecendo-as enquanto conseguirmos? Ou, então, as transgrediremos de uma vez? Em geral, os homens sob um governo como este creem que deveriam esperar até que tenham persuadido a maioria a alterá-las. Creem que, se resistissem, o remédio seria pior do que o mal. Todavia, é culpa do próprio governo que o remédio seja pior do que o mal. É ele que o torna pior. Por que não é mais capaz de antecipar-se e providenciar a reforma? Por que não acolhe sua sábia minoria? Por que grita e resiste antes de ser ferido? [...] Por que sempre crucifica Cristo e excomunga Copérnico e Lutero, por que chama Washington e Franklin de rebeldes?

Conta-se que, durante seu curto período numa prisão local (por ter se recusado a pagar imposto para apoiar a guerra no México em 1847), Thoreau foi visitado por Emerson, que ficou horrorizado ao ver seu velho amigo atrás das grades. Ali, perguntou-lhe: «Henry, o que você está fazendo aí dentro?». Thoreau teria apontado o dedo indicador para Emerson e replicado: «Ralph, o que *você* está fazendo aí *fora*?». Parece que Emerson compreendeu a indireta. Falando sobre a escravidão e a injustiça da Lei do Escravo Fugitivo para uma plateia da Nova Inglaterra, em 25 de janeiro de 1855, Emerson afirmou o seguinte:

> Ora, qual é o efeito deste governo ímpio?
> Desacreditar a si mesmo. Quando o homem público falha em seu dever, a iniciativa privada toma o seu lugar. [...] Quando o governo e os tribunais americanos traem sua confiança, os homens desobedecem ao governo, colocam-no no erro; o governo é forçado a assumir toda espécie de atitudes falsas e ridículas. Os homens ouvem a razão e a verdade de outros homens com corações valentes e almas grandes. Esta é a compensação por um mau governo – o campo que ele oferece a homens ilustres, e temos uma grande dívida para com os homens corajosos e fiéis que, no momento e no lugar dos malfeitos, protestaram por si mesmos e por seus compatriotas, com palavras e com atos. Eles estão justificados, ao passo que a lei está condenada.

Emerson estava falando especificamente da controvérsia da escravidão (havia apenas seis anos desde o início da Guerra Civil), mas os traços majestosos de sua retórica abrangem todos os filos, todos os gêneros, todas as espécies de desumanidades do homem contra o homem. Trata-se de um potente remédio retórico; aplica-se, em todos os aspectos, aos princípios em jogo no conflito do aborto.

Os líderes a favor do aborto parecem não ter a percepção do quão perigoso é o jogo que estão jogando ao usar o poder federal para suprimir a oposição. Recentemente, lançaram uma exigência para que agentes federais protejam as clínicas de aborto, sob a alegação de que o aborto é um direito constitucional e, como tal, deve ser diretamente protegido por agentes federais. Deixemos de lado por um momento o fato de que há três mil clínicas de aborto funcionando nos Estados Unidos (o que exigiria um mínimo de nove mil agentes para colocar um único guarda por turno), ou mesmo o fato de que um número significativo de agentes teria sérias objeções de consciência a um trabalho assim. Se aceitarmos que o governo federal é diretamente responsável por fornecer guardas para o exercício dos direitos constitucionais, então, logicamente, de acordo com a Primeira Emenda, cada templo religioso, cada jornal e cada reunião pacífica de cidadãos teria o mesmo direito.

Como era de se prever, a fim de justificar suas extravagantes demandas por agentes federais, os membros do movimento abortista lançaram mão daquela precária e velha teoria da conspiração (Oliver Stone, onde está você agora, quando mais precisamos?). Numa recente[4] transmissão do programa *Nightline*, promoveu-se uma discussão entre Ted Koppel e a advogada-geral Janet Reno sobre o problema da violência contra as clínicas de aborto. Koppel perguntou se Reno acreditava que havia uma conspiração para assassinar sistematicamente todos os

---

(4) O programa foi transmitido em 19 de abril de 1993, e trechos da gravação podem ser encontrados na internet. (N. do A.)

aborteiros dos Estados Unidos. Como essa ideia maluca alojou-se na cabeça bem organizada e lógica de Koppel é impossível dizer. Reno respondeu com apropriada circunspecção – sem afirmar nem negar, mas habilmente mudando de assunto no meio da frase. Imaginar alguém tentando montar uma conspiração a partir de quatro indivíduos tão claramente instáveis e perturbados como Shannon, Hill, Griffin e Salvi é uma paranoia tão ridícula que não merece mais do que um sorriso tolerante e um olhar nervoso por cima do ombro.

Não obstante, mesmo reconhecendo que intelectuais sérios descartarão a teoria da conspiração sem lhe dar ouvidos, a ideia está no ar e provavelmente não lhe faltarão defensores, incitados pelo *lobby* do aborto. As convenções e reuniões pró-vida, então, serão encaradas como pactos de conspiradores? Será que todo evento pró-vida será monitorado, filmado e gravado pelo FBI, pela CIA e por aqueles sobrecarregados agentes federais? Essa é uma ideia infinitamente ridícula.

A jogada mais inteligente que o presidente Clinton poderia fazer nos assuntos domésticos seria convidar líderes pró-vida a irem à Casa Branca para uma troca de impressões. De um só golpe, isso acalmaria as águas turbulentas do conflito do aborto, ofereceria uma válvula de escape – tão necessária – à enorme pressão que se acumula nas oprimidas legiões pró-vida e o coroaria como um pacificador receptivo e de mente aberta no campo da política interna.

Capítulo 15
A mão de Deus

Nos últimos cinco anos, venho tendo longas conversas com um sacerdote, e nutro a esperança de em breve ser recebido na Igreja Católica. As coisas não deveriam ter acontecido dessa maneira; os acontecimentos se sucederam ao contrário, como um rio que subisse uma montanha. Em geral o progresso é: a fé em Deus e no esplêndido dom da vida leva o fiel a defender esse dom e tornar-se pró-vida. Comigo ocorreu exatamente o oposto: era pró-vida e passei a acreditar em Deus. Não estava buscando nada espiritual. Em grande parte, meus desejos eram mundanos e carnais; meus objetivos, concretos, tangíveis... e prontamente conversíveis em dinheiro. Para piorar as coisas, como judeu ateu – ou, como Richard Gilman classificaria, «um judeu negligente» –, eu desprezava abertamente tudo isso.

Chegar de lá até aqui não foi fácil. Passei por um «período de transição» de dez anos – talvez de 1978 a 1988 –, em que sentia o peso do pecado tornar-se mais pesado e insistente. Era como se o conteúdo da bagagem de minha vida tivesse sido misteriosamente embebido em algum líquido metafísico, tornando-o mais volumoso, mais pesado e mais difícil de suportar. Vi-me desejando algum flogisto mágico, alguma substância que diminuísse o peso de minha carga.

Durante essa década, o período mais difícil eram as horas da madrugada. Eu acordava todos os dias às quatro ou cinco da manhã, olhando para a escuridão e esperando (mas não rezando, ainda) o aparecimento de uma mensagem que me absolvesse diante de algum júri invisível. Após um período de expectativa frustrada, mais uma vez ligava minha lâmpada de cabeceira, pegava livros sobre o pecado (havia então acumulado uma quantidade considerável deles) e relia passagens das *Confissões* de Santo Agostinho (essencial), Dostoiévski, Paul Tillich, Kierkegaard, Niebuhr e até mesmo Lewis Mumford e Waldo Frank. Santo Agostinho falava com muita clareza de meu tormento existencial, mas, sem uma Santa Mônica para mostrar-me o caminho, eu era acossado por um insistente e trevoso desespero.

O suicídio é comum em minha família (haverá um gene para o suicídio?). Meu avô paterno e minha irmã se mataram, e meu pai tentara se matar ao menos uma vez, quando tinha quarenta e poucos anos. Ele havia recorrido a tranquilizantes e pílulas para dormir. Minhas leituras naquelas insuportáveis horas da madrugada tornaram-se o que Camus certa vez descreveu como a questão central do século xx: a dúvida sobre cometer suicídio ou não. Na condição de médico, era capaz de escrever as receitas necessárias para dar fim à minha vida. Estaria disposto a isso?

Esta era, é claro, precisamente a questão levantada pelo príncipe Hamlet: seria covardia cometer suicídio, ou seria ainda mais covarde recuar dele? Como o bom príncipe, acabei por optar pela indecisão: ainda não. Pensei que tinha questões práticas a levar em consideração. Havia pacientes que precisavam de mim (todo médico consola-se com a fantasia de que é insubstituível para seus pacientes) e havia trabalho pró-vida a ser feito. Sabia que havia mãos mais limpas que poderiam fazê-lo, mas pensei comigo mesmo que, em algum lugar, algum dia, alguém poderia beneficiar-se da história de provações com as quais eu estivera buscando meu caminho.

Como o médico que deveria ser, comecei a analisar os humores do paciente – o paciente sendo, no caso, eu mesmo. Reconheci que estava sofrendo de uma afecção do espírito; a doença viera, ao menos em parte, de um excesso de liberdade existencial, o que criara uma penumbra de desespero. Eu havia sido lançado à deriva num mar infinito de liberdade sensual – sem nenhum sextante, nenhuma bússola, nenhum mapa; tinha apenas as estrelas vagamente percebidas do código penal vigente, bem como a aceitação mimética dos modos e costumes da sociedade (um chimpanzé poderia ser treinado para fazer o mesmo), um conceito minimalista de justiça e uma noção ridícula de decência. Mais do que uma cura, eu precisava de uma cicatrização.

Havia realizado milhares de abortos de crianças inocentes e decepcionado aqueles a quem amava. A respeito de meu segundo e terceiro casamentos eu não posso escrever em detalhes, pois ainda me é doloroso demais. Basta dizer que ambas, embora não frequentassem a igreja quando nos conhecemos, ainda conservavam um cerne de inocência de sua infância protestante que as conservara intactas e curiosamente ingênuas – ao menos até que eu pusesse as mãos nelas. Pelo menos meu pai, que faleceu em 1990 com a épica idade de 94 anos, reconciliou-se comigo antes de sua morte. Meu filho Joseph estava morando no apartamento de seu avô e tomando conta dele na época. Meu pai não acreditava em Deus, mas apenas num «poder superior». Durante toda a vida, alardeou que não queria nada com rituais primitivos como funerais. Por isso, foi uma surpresa quando descobri, em seu testamento, o desejo de ser enterrado ao lado de sua filha, que em vida ele reduzira à insignificância. Eu estava cuidando dos trâmites da cremação quando minha sobrinha trouxe um documento confirmando que ele comprara o túmulo ao lado de minha irmã e sempre planejara ser enterrado ali – apesar de suas afirmações em contrário.

Até este momento, já experimentei todo o tradicional conjunto de remédios seculares: álcool, tranquilizantes, livros de autoajuda, terapia... Cheguei até a me submeter a quatro anos de psicanálise no início dos anos 1960. O analista era um psiquiatra muito respeitado e que aderia, em boa medida, a um modelo freudiano, opinando pouco enquanto deixava que o paciente falasse à vontade. Infelizmente, ele sofria de um caso terrível de febre do feno durante todo o ano e tomava altas doses de anti-histamínicos. O resultado? Duas vezes por semana, eu me deitava em seu divã contando meus sonhos animadamente, enquanto ele se acomodava em sua grande poltrona de couro e cochilava com tranquilidade graças ao efeito dos remédios. Depois de várias sessões tentando mantê-lo acordado por meio de discretos chutes, também eu comecei a cochilar (num sentido distorcido, estava dormindo com meu psiquiatra). Não sei por que me agarrei àquela tábua de salvação por tanto tempo.

A pior das torturas humanas é ser julgado sem uma lei, e meu universo era um universo sem lei nenhuma. Santayana escreveu que a única dignidade verdadeira de um homem está em sua capacidade de desprezar a si mesmo. Eu desprezava a mim mesmo. Talvez tivesse ao menos chegado ao início da busca pela dignidade humana. Havia começado um autoexame sério (a vida sob exame quase não vale a pena ser vivida) e a enxergar um distorcido homúnculo moral refletido no espelho desse exame.

Sabia, então, que a primeira doença vem da interrupção do vínculo entre o pecado e a culpa, entre a ação eticamente corrupta e o seu preço. Não houvera um preço concreto em minhas ações corrompidas, mas apenas uma exegese comportamental, o que não bastava. Eu precisava ser disciplinado e educado. Tornara-me semelhante à descrição de Eichmann por Hannah Arendt: mais do que um ser humano responsável, uma coleção de funções.

Ao mesmo tempo, com minhas palestras, filmes, livros e atividades políticas, eu vinha me aprofundando no movimento pró-vida. Percebia a sensação de paz que emanava de muitas daquelas pessoas. Contudo, minhas posições eram baseadas na ciência, e eu deixava isso claro para todos os públicos, mesmo os mais rigidamente católicos. Cedia o suficiente para recitar o juramento à bandeira quando necessário, mas nos momentos de oração permanecia com os olhos rigidamente fixos em algum ponto à frente e com os lábios imóveis. Embora tratasse de maneira cordial e educada os vários clérigos que encontrava, fazia questão de que soubessem que me mantinha longe de suas crenças – exceto por nossa aversão comum ao aborto. Ainda assim, havia nesses encontros um ar de desprendimento, até mesmo de genuíno altruísmo, que eu notava com grande interesse.

Então, em 1989, participei de uma ação da Operação Resgate contra a Planned Parenthood em Nova York. Estava preparando um artigo para uma revista de ética sobre os aspectos éticos e morais dessas manifestações: tratava-se de protestos legítimos ou de terrorismo doméstico – isto é, da negação de direitos constitucionais às gestantes?

A manhã do Resgate foi muito fria. Juntei-me à legião de aproximadamente 1200 manifestantes em seu ponto de encontro perto da rua 40, no oeste de Manhattan, e fui com eles de metrô e a pé até a clínica na esquina da Segunda Avenida com a rua 21. Eles se enfileiraram sentados em frente à clínica, bloqueando efetivamente suas entradas e saídas. Começaram a cantar hinos religiosos em voz baixa e a balançar a parte superior do corpo. Circulei inicialmente pela periferia da manifestação, observando os rostos, entrevistando alguns dos participantes, tomando notas. Foi só então que me dei conta da elevação, do amor puro nos rostos daquela ondulante massa de pessoas, rodeadas como estavam de centenas de policiais de Nova York.

Eles rezavam, se apoiavam e encorajavam mutuamente, cantavam hinos de louvor e lembravam constantemente uns aos outros da absoluta proibição de violência. Creio que tenha sido a intensidade do amor e da oração daquela gente o que me impressionou: rezavam pelos bebês não nascidos, pelas gestantes confusas e assustadas, pelos médicos e enfermeiras da clínica. Rezavam até mesmo pela polícia e pela mídia que cobria o evento. Rezavam uns pelos outros, mas nunca por si mesmos. E pensei: como essas pessoas podem se entregar assim por um grupo que é (e sempre será) mudo, invisível e incapaz de agradecer-lhes?

Depois que escrevi meu artigo e o publiquei na *Hastings Center Report*, vários defensores do aborto acusaram-me de ter tomado parte ativa na manifestação, em descumprimento de uma liminar contra essa atividade concedida pelo juiz federal Robert Ward. Fui julgado e inocentado num tribunal federal em Nova York. Ao mesmo tempo, minha esposa foi acusada de descumprir outra liminar contra uma manifestação a ser realizada diante da clínica de abortos de Dobbs Ferry. Fizemos um acordo, mas a soma dos dois casos não foi nada barata, embora com certeza não me arrependa de nem um centavo gasto. Fui depois espectador de uma manifestação em Nova Orleans e de outra numa pequena cidade ao sul de Los Angeles. Fiquei tocado pela espiritualidade intensa dessas manifestações. Eram ecumênicas – com uma quantidade igual de católicos e protestantes – e pacíficas; estavam, ademais, tão profundamente enraizadas em convicções espirituais que até mesmo a polícia manteve-se à distância, em respeito, acredito, pela pureza do ato. A única brutalidade que testemunhei pessoalmente no encontro da Califórnia foi cometida por policiais mulheres, que pareciam pessoalmente ofendidas pelos manifestantes (Randall Terry, o fundador da Operação Resgate, depois confirmou-me que as policiais são especialmente agressivas nessas manifestações; odeiam os manifestantes individual e coletivamente).

Ora, eu não havia permanecido imune ao fervor religioso do movimento pró-vida. Tinha consciência, na primeira metade da década de 1980, de que uma grande quantidade de católicos e protestantes que nele militavam havia rezado por mim, que rezava por mim naquele momento – e com o tempo não deixei de me comover. No entanto, foi apenas quando vi o espírito posto à prova naquelas geladas demonstrações matinais, com os abortistas lançando-lhes os mais destemperados epítetos, com a polícia rodeando-os, com a mídia abertamente hostil à sua causa, com o poder judiciário federal multando-os e prendendo-os, com os funcionários do município ameaçando-os – no meio de tudo isso, sentavam-se sorridentes, rezando em voz baixa, cantando, confiantes e certos de sua causa e completamente convencidos de seu triunfo final –, que comecei a questionar-me a sério a respeito da indescritível Força que os impulsionava a essa atividade. Por que eu estava lá também? O que me conduzira àquele momento e lugar? Tratava-se da mesma Força que lhes permitia sentar-se serenos e sem medo no epicentro de um caos legal, físico, ético e moral?

Então, pela primeira vez em toda a minha vida adulta, comecei a considerar seriamente a ideia de Deus – um Deus que me conduzira em meio aos proverbiais círculos do inferno, apenas para mostrar-me o caminho da redenção e da misericórdia por meio de sua graça. A ideia violava todas as certezas do século XVIII que eu havia cultivado; convertia instantaneamente meu passado num charco vil de pecado e maldade; acusava-me e condenava-me de grandes crimes contra aqueles que me haviam amado e contra aqueles a quem eu nem mesmo conhecia; e, ao mesmo tempo, milagrosamente, oferecia-me um cintilante fio de esperança, na certeza de que alguém havia morrido por meus pecados e minha maldade dois milênios atrás.

Não experimentei uma epifania ofuscante que me levasse a recitar Ave-Marias como o Richard Gilman de *Faith, Sex, Mystery*, seu triste e desconjuntado relato de conversão do ateísmo judeu ao catolicismo romano, bem como de sua posterior recaída. Ali, ele invocava toda sorte de coincidências mágicas e místicas, enquanto, no meu caso, fui conduzido a uma revisão da literatura sobre a conversão, incluindo *The Pillar of Fire*, de Karl Stern. Li também Malcolm Muggeridge, Walker Percy, Graham Greene, C. S. Lewis, Cardeal Newman e outros. Estava totalmente de acordo com meu modo de ser fazer uma diligente revisão da literatura antes de embarcar numa missão tão assustadora e ameaçadora como esta: a procura por Deus. Tratava-se também de uma busca pela autenticidade no que era – para mim – um empreendimento revolucionário.

Eu lia vorazmente. As duas experiências com as quais conseguia identificar-me mais eram a de Gilman (tínhamos um passado quase idêntico) e a de meu antigo professor Karl Stern. Embora tenha relido Gilman muitas vezes, percebi que era irrelevante para minhas questões: convertera-se ao catolicismo aos trinta anos e depois envergonhara-se da conversão, considerando-a inclusive uma doença da qual tinha de se recuperar. Gilman falava com frequência sobre a «dor» de ser católico. Demonstrava também desprezo e desdém pela aceitação de certas doutrinas, como a Trindade e a Encarnação. Cheguei à conclusão de que não me ajudava em nada. Quanto à inegavelmente brilhante Simone Weil, ela repudiava completamente seu judaísmo, ao passo que eu achava o meu apenas inútil e inadequado.

As experiências de Stern ressoaram em mim com muito mais força. Psicanalista brilhante, ele despe-se de toda a parafernália de suas conquistas intelectuais e profissionais e abre-se para uma fé simples e incondicional, tão inocente quanto a de sua heroína: Santa Teresa de Ávila. Ali estava um homem que eu imitaria – se pudesse. Após sua conversão, Stern escreveu uma carta a seu irmão, então em Israel, que é um hino ao descobrimento da fé católica. A carta é extremamente eloquente e sensível às dúvidas e questões de um profissional instruído como ele era. Sempre que a lia, tinha de lutar para conter as lágrimas.

Porém, como disse Newman, ninguém jamais se converteu após uma discussão. Em todos os encontros pró-vida nos quais me apresento, ainda noto aqueles rostos estáticos irradiando tamanho amor e alegria que uma pedra de gelo parece derreter-se lentamente em meu interior (onde?

Na glândula pineal? Na medula óssea? Será que importa?) e transformar-se em entusiasmadas ondas de calor.

Como Simone Weil, eu me via no limiar da bendita aceitação da fé, mas sempre relutante em dar o último e irrevogável passo. O sacerdote que me atende oferece-me apoio e encorajamento citando as palavras que Pascal pronunciou há quatrocentos anos: «O preço de acreditar em Deus é mínimo; as consequências da dúvida podem ser significativas».

Estou certo de que Pascal não queria que suas palavras significassem certo ato calculista com relação à fé, e com frequência repito isto para mim mesmo quando estou acordado, numa espécie de mantra consciente. Com efeito, tenho uma bagagem moral tão pesada para levar para o outro mundo que deixar de acreditar poderia condenar-me a uma eternidade talvez mais aterrorizante do que qualquer coisa que Dante tenha vislumbrado. Tenho medo.

Embora meus medos sejam grandes, sei hoje de algo que não sabia. Alguns anos atrás, pediram-me para fazer a revisão de um livro escrito por um médico: o dr. Larry Dossey, que afirmava ter obtido provas científicas de que a oração de petição funciona. Seus dados não me convenceram, mas mesmo assim uma das histórias, a da visita de Dossey a um paciente que morria de câncer, ficou gravada em minha memória. O homem rezava constantemente. Quando Dossey perguntou-lhe pelo que rezava, o homem disse que não rezava por nada.

«Bem», disse Dossey, «se a oração não é para pedir, então para que serve?».

«Não serve para nada», respondeu o paciente. «Ela simplesmente me lembra de que não estamos sós».

Já não estou só. Meu destino foi correr o mundo em

busca daquele sem o qual estou condenado. Agora, agarro-me à barra de seu manto em desespero, em terror, com uma sede celestial, a necessidade mais pura que já conheci. Meus pensamentos retornam ao herói de meus anos de faculdade, Karl Stern, que estivera passando por uma metamorfose espiritual ao mesmo tempo em que me instruía nas artes da mente, sua ordem e suas fontes, bem como nas palavras que escreveu em carta a seu irmão: «E não havia dúvida sobre isso», escreveu. «É para Ele que corríamos ou dele que fugíamos, mas o tempo todo Ele esteve no centro das coisas».

Agradecimentos

Sou eterna e irremissivelmente devedor ao Pe. Paul Marx por muitíssimas coisas, mais do que as que poderiam ser listadas aqui – mas foi por seu gentil convite (e um convite desse santo homem é uma ordem para mim) que dei a palestra temporã da qual derivou este livro.

Richard Vigilante ouviu a gravação da palestra e sugeriu o livro. Ele sempre foi uma fonte de encorajamento e inspiração – sobretudo durante as gravações que fizemos – e, sem ele, o livro simplesmente não teria existido.

Tenho uma profunda dívida de gratidão para com o doutor Richard Zaner, meu mentor no Centro de Pesquisa em Ética Médica da Universidade de Vanderbilt. Esse homem bondoso e brilhante me ensinou que o que importa são as perguntas, e não as respostas – não há ninguém (com a possível exceção daquele enfurecedor e exasperante baderneiro que foi Sócrates) capaz de fazer perguntas como o dr. Zaner. Nunca deixou de ser paciente e compreensivo comigo numa época atribulada de minha vida, e sempre lhe serei grato.

Bernard N. Nathanson

ESTE LIVRO ACABOU DE SE IMPRIMIR
A 2 DE OUTUBRO DE 2020.